위험사회 도래와 그 관리체계

재난관리체계론

위험사회 도래와 그 관리체계

재난관리체계론

김웅락 · 이현담 지음

재난이란 "예기치 못했고, 바람직하지 않은 사건이나 현상의 출현으로 재산이나 신체에 손실을 초래하는 상태'라고 정의하고 있다. 이 규정은 포괄적이지만 발생의 원인으로서 '예기치 못한 사건'이란 표현을 활용하고 있으며 그 결과로서 '손실을 초래한 상태'라고 이해하고 있다.

KSI 한국학술정보㈜

　　인류가 살아온 과정을 '재난의 극복과정'이라고 해도 지나친 말은 아닐 것이다. 그만큼 인간의 삶은 재난과 함께, 발전해 왔다고 할 수 있다. 시간을 과거로 향하게 할 수 록 우리는 재난을 극복해 가는 혹은 재난과 맞서 싸워가면서 자신의 삶의 현장을 만들어 가는 인간의 모습을 발견하게 된다. 그러나 시간을 현대에 맞출 경우 인간의 모습은 자신이 만든 고도의 산업화와 경제제일주의라는 이념으로 이룩한 문명위에서 아이러니 하게 인간성 상실과 자연의 파괴 등을 경험하는 모순된 모습을 보게 된다. 인간의 삶이 위협받고 결국 자신이 자초한 재앙과 싸우는 자괴감에 빠진 모습을 발견하게 되는 것이다. 과학기술의 발달이 인간의 삶의 조건을 편리하게 만들었지만 지나치고 오도된 발달이 오히려 인간을 구속하고 황폐화 시켰다고 할 수 있다.

　　근원적으로 보면 재난은 인간의 욕망추구와 맞닿아 있다. 그러므로 재난은 우리의 삶의 조건과 긴밀하게 연관됨으로 우리가 일반적으로 갖고 있는 생활에 대한 관심만큼이나 중요하다. 심하게 표현하면 생활 가운데 재난을 내재하고 있다고 할 수 있다.

　　그러나 정작 재난에 대한 관심은 전문가와 직업인, 혹은 관련있는 소수의 사람들 뿐이다. 재난에 대한 일반인의 관심이 낮은 것은 무엇보다 발생이 확률적으로 많지 않다는 것이며, 일상적인 것이 아니므로 누구나 이성적으로 판단해서 그때 그때 대처하면 된다는 생각 때문이라고 여겨진다. 그러나 재난은 언제 어떻게 닥칠지 모른다. 그리고 일단 재난이 발생하고 나면 그 피해의 규모 또한 가름하기 어려울 정도가 되고 있다. 따라서 개인적 차원에서는 물론 국가적 차원에서 중요성을 강조하고 교육하며 합리적인 대응체계를 갖추어야 한다.

재난을 이해하고 극복하는 일은 여러 차원에서 접근이 가능할 수 있다고 하겠다. 인문학, 공학, 사회과학, 의학 등 다양한 접근이 가능하다. 이 책은 재난에 대해 사회과학적 관심을 토대로 행정학적 접근을 하고 있다. 그리하여 재난을 관리하기 위한 체계의 형성을 어떻게 하는 것이 바람직하겠는가를 주제로 삼고 있다. 현대사회는 재난의 폐해가 너무 커서 전체 사회적으로 결코 간과 할 수 없다. 이 책이 재난에 대해 관심을 갖는 독자들에게 도움이 되기를 기대한다.

2008년 1월
김용락 · 이현담 씀

목 차

1장

현대사회와 위험사회: 재난의 문제

제1절 문제의 제기

역사 이래 인류가 이룩한 문명의 이면에는 각종 재난이 늘 함께 하였다고 해도 지나친 표현은 아닐 것이다. 재난으로 인하여 인류는 삶의 터전을 잃어버림은 물론 재산과 생명 까지도 잃었다. 사실 인류가 이룩한 문명이란 재난 가운데에서 형성한 것이라고 할 수 있다. 그런 뜻에서 인류의 문명은 재난의 극복과정에서 이룩한 업적이라고 할 것이다.

그리하여 재난은 인류의 역사와 함께 했고 재난이 발생하지 않았던 시대는 없었지만 특히 현대사회에 있어서 재난을 주목해 보면 재난의 발생 빈도가 과거보다 그 주기가 단축되었고 재난으로 인한 피해의 규모는 점점 대형화 되고 있음을 알 수 있다. 비교적 19세기까지 에는 재난이라고 하면 홍수, 태풍, 지진, 해일, 화산 폭발, 가뭄 등과 같은 자연재난만을 인식해왔으나 20세기 이후에는 특히 과학·기술의 발달과 산업사회의 진전으로 인해 각종 오염사고, 폭발사고, 대형화재, 가스폭발과 같은 인위재난이 빈번하게 발생하고 있고 규모에 있어서도 자연재난 못지않게 대형화 되는 추세이다. 이렇듯 현대사회는 과거의 개인적 실수 혹은 부주의로 인한 사건이 사회에 끼친 영향은 미미한 것이었으나 이제는 그런 실수 혹은 부주의라 하더라도 거대한 재난으로 연결되는 위험성을 내재하고 있는 것이다. 그리하여 지금은 자연재난 못지않게 인위재난의 심각성을 인식하고 있는 것이다.

인위재난은 자연재난에 비해 오히려 국민들의 심리적 안전을 더욱 크게 위협하고 사회 전체에 불안감을 조성시키며 사회구성원 모두의 삶의 질에 심각한 영향을 미치고 있는 것이다. 예를 들면, 전 세계적으로 20세기 후반부터 지진, 가뭄, 태풍, 지진해일 등 자연재난, 화재, 건축물 붕괴 폭발 등의 인위재난 그리고 최근 들어서는 에너지, 통신, 교통, 금융 등 국가 기반체계의 마비와 광우병, 수인성 전염병, 에이즈의 확산 등과 같은 생활적 재난발생으로 인한 수많은 인적·물적 피해를 입고 있다.

1990년대 중반 이후 우리 나라는 서울 아현동 가스폭발, 성수대교 붕괴, 대구 도시가스 폭발, 서울 삼풍백화점 붕괴 등 일련의 대형 사고를 통해 엄청난 재산과 인명의 손실을 가져왔다. 2003년에 발생한 대구지하철 방화참사는 재난에 대한 인식이 없는 정책당국의 안이함이 빚은 불행으로 규명되었으며 2004년도 발생한 강원도 고성 산불은 늘 위험성을 내포하고 있는 현대인의 생활에서의 시민의식의 미성숙 문제로 인식되고 있다. 또한 2006년 8월 여름 장마와 같은 자연재난 등은 지구환경의 변화(온난화 등)가 가져온 참사로 보고 있으며 그 발생 빈도와 강도는 날로 증가할 수 있음을 경고하고 있다. 재난은 점점 대형화되어 인명손실과 기반시설을 포함한 재산상 막대한 손실이 발생할 수 있음을 예고하고 있는 것이다. 그러나 이러한 엄청난 재난을 지속적으로 경험하고 있음에도 불구하고 국민들의 안전의식은 그다지 높지 않다는 게 현실이다. 또한 정부는 대규모 재난의 발생 시 체계적인 대응과 장기적 대응전략으로 재발방지에 힘쓰기보다는 일시적이고 임시처방적인 대응으로 위험에 대처하고 있어 여전히 많은 문제점이 반복적으로 제기 되고 있는 실정임을 부인할 수 없다.

재난발생시 재난위기관리업무는 다원화 되어 있다. 즉, 전시대비업무는 비상기획위원회에서, 전·평시 민방위업무는 소방 방재청에서 그리고 재난관리는 개별법에 따라 기능별로 관리되고 있는 것이다. 따라서 통합된 재난관리 시스템의 부재로 효율성이 저하되고 있을 뿐 아니라 행정체계가 중첩·분산 운용되고 재난관리를 전문적으로 연구, 분석, 교육하고 점검하는 조직이 없다는 것이 또한 진지한 문제점으로 지적되고 있다. 대부분의 선진 국가에서는 재난을 사전에 예측하고, 발생된 재난을 효율적으로 관리하기 위한 재난관리체계를 갖추고 있다. 예를 들면, 미국은 연방재난관리청(Federal Emergency Management Agency; 이하 FEMA라 한다)을 창설하여 모든 재난관리 행정기능을 일원화하여 효율적으로 총괄하고 있는데 비하여 우리나라는 아직 그렇게 일원화된 체계를 갖지 못하고 있는 형편이다.

그 동안 우리나라의 재난관리는 주로 풍수해 등 자연 재난을 중심으로 이루어져왔기 때문에 1990년대 중반까지 자연재난만을 대상으로 재난관리정책을 결정하고 집행하는 재난관리체계를 구성 운용해 왔으며, 최근에 인위적 성격의 대형사고가 빈번하게 발생되자 이를 위한 법령을 갖추기 시작했다. 그러나 재난관리체계와 법령을 갖추었음에도 불구하고 기본적인 제도적 조건이 미비한 상태에서 재난이 빈발하여 인명 및 재산상의 피해는 증가하고 있으며, 피해규모는 더욱 커지는 경향을 띠고 있다.

재난관리에 관한 이론적인 연구의 경향을 보면, 우리나라에서 재난의 중요성이 인식되기 시작하는 것은 대략 1980년대 초기라고 할 수 있다. 이 시기에는 관심이 위기 자체에 국한되어 재난의 성격을 이해하고 파악하는 논의의 차원에 머물러 있었다. 1990년 이후에는 사회집단이나 조직에 대한 위기의 영향과 위기 발생에 따른 집단이나 조직의 위기대응 노력을 중심으로 연구가 진행되어 왔다. 그러나 위기 및 재난 관리의 효과성을 확보하기 위해서는 위기 및 재난을 둘러싸고 있는 제 환경, 제도, 체계간의 협조와 조정, 의사결정 및 집행과정의 적절성 등과 같은 조직 내 환경을 종합적이고 체계적으로 고려할 필요가 있는 것이다. 앞서 언급한 것처럼 재난이란 매우 복잡하고 현대사회의 특성과 맞물려있기 때문에 그 관리의 효율성 위하여 다양한 접근과 복합적인 처방이 필요하다는 것이다. 그리하여 지금과 같은 재난이 대규모화하고 예측이 어려운 상황이 전개되며 피해규모의 크기를 고려해 볼 때 과거 어느 때 보다 이에 대한 대비로서 효율적이고 문제점을 해결할 수 있는 체계적인 재난관리 시스템의 구축이 필요하다. 요컨대 자연재난 뿐 아니라 인위재난을 포괄하는 재난의 문제를 체계적으로 분석하고 그 원인을 찾아 가용한 모든 자원을 통합하여 인원과 시설을 함께 운용하는 협력체계의 높은 신뢰성 시스템(HRS: High Reliability Systems)[1]을 구축하고 운용할 필요성이 강조될 시점이라고 할 수 있다.

이러한 문제의식으로부터 본 논문은 우리나라의 재난관리체계에 대한 문제점을 검토하고 새로운 관리체계의 필요성을 제기하면서 바람직한 재난관리 체계 형성을 위한 방안을 모색해보고자 한다. 본 연구는 먼저 다음절에서 재난에 대한 그간의 연구경향을 소개한다. 다음으로 본 연구를 체계적으로 서술하기 위해 재난에 대한 개념 및 그 관리체계에 대해서 이론적인 검토를 하고 각 국의 재난관리체계를 분석한다. 이어서 현대의 우리나라 재난관리체계를 검토한 다음 실증적 조사를 통해 바람직한 재난관리체계 형성을 위한 개선방안을 제시해보고자 한다. 실증적 조사를 위해 재난관리에 대한 주민의 의식실태 분석을 통해 재난관리의 제도적 문제점을 도출한 다음 대안을 모색한다. 실증조사와 관련한 공간적 범위는 대전광역시에 한정하여 연구를 수행하고자 한다.

이러한 연구목적을 달성하기 위해 본 연구는 이론적 작업을 위하여 문헌적 접근을, 실태의 파악과 바람직한 재난관리체계 모형 형성을 위한 정책적 제언을 위해서는 실증적 접근을 하려고 한다. 먼저 문헌적 접근으로서 선행연구 논문, 연구조사 보고서, 정부의 각종문서, 신문, 인터넷 자료 등을 통해 재난에 대한 이론적 작업을 수행 하였고, 실태의 파악 및 정책적 제언을 위해 설문조사를 실시하였다. 설문은 대전광역시를 대상으로 그들의 재난에 대한 인식 및 보다 바람직한 재난관리체계를 위한 모델을 조사하였다.

---

1) H. G. Frederickson and T. R. La Porte(2002), Airport Security, High Reliability, and the Problem of Rationality, *Public Administration Review*, 62(2), Special Issue, p.33.

제2절 재난의 연구경향

　학문영역별로 재난관리에 관한 연구들을 살펴보면 크게 심리학적 관점, 사회학적 관점, 정치학적 관점, 그리고 행정학적 관점으로 구분하는 것이 가능하다[2]. 먼저, 재난관리에 대한 심리학적 관점의 연구들은 개인에 대해 초점을 두고 있다. 여기서는 주로 위기관리와 관련하여 개인의 의사결정이 어떻게 이루어지는지 또는 위기에 대해 개인이 어떻게 대응하는지를 연구대상으로 하고 있다.

　심리학적 관점에서의 재난관리 연구는 다시 인지적 관점(Stubbart, Smart and Vertinsky, Weick, Sethi), 심리분석적관점(Schwartz, D'Aveni and MacMillan)에서의 연구로 구분하여 살펴볼 수 있다.[3] 먼저, 인지적

---

2) 이재은(2000b), 위기관리정책 효과성 제고와 집행구조 접근법, 「한국정책학회보」, 9(1), pp.69－75.

3) 심리학적 관점에서 위기를 다루고 있는 이들 관점이외에도 외상 후 스트레스 관점(trauma stress perspective)을 들 수 있다. 이는 관리적 차원에서 위기를 다룬 인지적 관점이나 심리 분석적 관점과는 달리 개인이 갑작스런 위기로부터의 정신적 압박감(stress), 충격(shock), 부정과 부적응(denial and maladaptation)에 대처할 때 갖게 되는 문제들에 대해 초점을 두는 것으로서 주로 개별 재난희생자들의 심리적 경험(victim's psychological experiences)에 대해 관심을 지니고 있다(Booth, 1993: 91－92).

　Charles Stubbart I(1987), Improving the Quality of Crisis Thinking. *The Columbia Journal of World Business*, 22(1), pp.89－99.

　Carolyne Smart and Ilan Vertinsky, Design for Crisis Decision Units, *Administrative Science Quarterly*, 22(4), pp.640－657.

　K. E Weick(1991), The Non－traditional Quality of Organizational Learning, *Organization Science*, 2(1), pp.116－124.

　Prakash S. Sethi(1987), Inhuman Errors and Industrial Crises, *The Columbia Journal of World Business*, 22(1), pp.101－110.

　Howard S. Schwartz(1987) On the Psychodeynamics of Organizational Disaster: The Case of the Space Shuttle Challenger, *The Columbia Journal of World Business*, 22(1), pp.59－67.

관점에서의 위기 연구자들의 기본 가정은 인지적 한계가 개인에게 존재하고 있기 때문에 이들 한계들을 극복하거나 최소화하는 것이야말로 문제를 해결하는 방안이 된다고 주장하고 있다.

심리 분석적 관점에서는 정신건강과 무의식이 조직위기를 창출하는 데 중요한 역할을 한다는 것을 기반으로 삼고 있으면서, 결국 여기서는 조직 관리자들이 조직 내.외부 요소들의 변화의 심각성을 인지하지 못한다는 점을 조직 위기의 원천으로 지적하고 있다.4)

위기관리에 대한 사회학적 관점에서의 연구들은 여러 가지 위기들 중 특히, 자연재난에 대응하는 지역사회와 집단들에 대해 초점을 두고 있다. 사회학적 관점에서는 주로 재난의 영향에 대한 조직화된 집단의 대응을 두고 기술하고 분석하는 경향을 보이고 있다. 즉 지역사회나 집단 외부의 위기에 대한 사회적 대응이 네 가지 상이한 수준에서 분석된다. 개인 수준, 조직 수준, 지역공동체 수준, 사회 수준의 네 가지 수준에서 위기관리를 분석할 수 있다고 보면서, 이중 주로 지역 공동체 수준과 조직 수준의 연구를 대상으로 하고 있다. 예를 들면, Wenger.5)는 지역공동체를 문제 해결의 실체로 볼 수 있음을 전제로 하여 재난에 대한 지역공동체의 대응을 연구하고 있고, Dynes는 재난 대응 조직을 조직의 과업과 구조를 기준으로 구분하여 연구하고 있다.6) 결국 위기에 대한 사회학적 관점의 연구들은 주로 자연재난을 대상으

Richard A. D'Aveni and Ian C. MacMillan(1990), Crisis and the Content of Managerial Communications: A Study the Focus of Attention of Top Managers in Surviving and Failing Firms, *Administrative Science Quarterly* 35, pp.634-657.

4) Christine Pearson M. and Judith A. Clair(1998) Reframing Crisis Management. *Academy of Management Review*, 23(1), p.62.

5) Wenger Dennis E.(1978), Community Response to Disaster: Functional and Structural Alterations, In *Disasters: Theory and Research*, edited by E.L. Quarantelli. ed. Beverly Hills, CA: Sage Publications, pp.17-47.

6) Russell R. Dynes(1978), Interorgational Relations in Communities under Stress, In *Disasters: Theory and Research*, edited by E. L. Quarantelli. ed. Beverly Hills, CA: Sage Publications Inc.

로 하여 지역공동체 조직들의 대응과정에서의 방법이나 영향을 대상으로 연구하고 있다.[7]

정치학적 관점에서의 위기관리에 대한 연구는 크게 두 부분으로 나누어 살펴볼 수 있다. 초기 연구는 주로 국가 간의 국제관계에서 반복적으로 나타나고 있는 위기에 대한 관찰로부터 시작되었다[8]. 정치학적 관점에서의 초기 위기 연구들은 대부분 국제적인 위기에 관한 연구들로서 Allison[9], Zartman[10], Brecher and James[11] 등의 연구가 여기에 속한다. 그리고 이와는 달리 국가 내부에서의 재난관리 또는 위기관리 과정에서 나타나는 관료정치적인 특성에 초점을 두고 연구하는 경향이 있다. 이 같은 연구 경향의 대표적인 것으로는 Rosenthal 등(1991)의 연구가 있다. Rosenthal 은 위기를 사회와 제도, 조직의 기본적인 이익과 구조에 대한 심각한 위협으로 보는 동시에 근본적인 가치와 규범이

---

7) 재난에 대한 대응을 강조하는 사회적 관점의 제연구들 중 Perry(1985)는 자신의 저서인「Comprehensive Emergency Management: Evacuating Threatened Populations」에서 위기관리의 구조를 완화, 준비, 대응, 복구 활동으로 구성된 과업(task)과 지방정부, 주정부, 연방정부, 민간조직으로 구성된 행위자(actor)로 구분하여 자연재난과 인위재난에서의 대응을 비교 연구하면서 소개(evacuation) 기능을 공통기능으로 강조하고 있다.

8) Charles Herman F.(1969), International Crisis as a Situational Variable, James N. Rosenau, (ed.), *International Politics and Foreign Policy*, New York: The Free Press, p.61.

9) Graham Allison T.(1971), *Essence of Decision: Explaining the Cuban Missile Crisis*, Boston: Little, Brown and Company.

10) Rae Zartman, & I. William(1988), Alternative Attempts at Crisis Management: Concepts and Processes, In *New Issues in International Crisis Management*, edited by Gilbert R. Winham, ed. Boulder, CO: Westview Press.

11) Brecher and James(1988: 428-430)는 국제적인 위기의 관리에 초점을 두고 연구하면서 위기를 갈등과 실증적으로 밀접하게 연관되어 있지만 개념적으로는 구분되는 것으로 보고 있다. 즉 그들은 국제적 위기는 국제적 갈등과 동의어가 아니라고 하면서 전자는 후자보다 쟁점에 한정된 것이며 초점의 폭이 좁다고 하는 점을 지적하고 있다. 그리고 이러한 맥락에서 그들은 위기관리란 위기의 시작으로부터 종결에 이르기까지 위기가 발전하는 것을 방지하거나 혹은 위기를 감소시키는데 도움을 주는 것이라고 설명한다.

위협받을 수 있는 경우라고 보고 있다.12) 이들은 자연재난과 기술재난, 시민소요, 테러행위, 첨예한 국제적 갈등과 핵위협 등을 연구의 대상으로 하여 위기에 대한 연구를 하고 있다.

지금까지 논의한 심리적 관점, 사회학적 관점, 정치학적 관점을 정리해 보면 먼저, 심리학적 관점은 개인의 위험인지를 주된 관심사로 하며 개인의 위험인지의 심리적 상태 혹은 위험인지 자체를 분석한다. 따라서 재난관리의 입장에서 보면 미시적 분석을 통해 재난관리과정에서의 교육 및 학습의 효과를 위한 중요한 기초 자료의 근거가 될 수 있을 것이다. 더 나아가서 재난에 관한 다양한 형태의 의사결정을 위해 중요한 기여를 한다고 할 수 있다. 사회학적 관점은 심리학적 관점에 비해 거시적 차원의 접근을 가능하게 하는 재난발생의 사회 구조적 맥락 및 사회문화적 맥락의 연구를 제공한다고 할 수 있다. 이를 통해 재난발생의 사회구조적 내재요인 등을 예측하고 분석하여 예방하고 재난을 관리해 가는 유용성을 발견할 수 있을 것이다. 정치학적 관점은 주로 재난발생의 국제정치적 관계를 주제로 의사결정과정을 분석하고 대비하는 형태의 보인다. 그러나 국제정치적 요인은 재난발생의 인식차원에 따라서 관료 정치적 측면이 존재한다. 특히 정치적 측면의 재난연구는 인위재난에 주안점이 있다는 것이 특징이라고 할 수 있다. 관료 정치적 관점은 재난관리에 있어서 중요한 논의점이 된다. 재난관리가 위에서 살펴본바와 같이 재난발생이전과 이후로 나누어 예측에서부터 복구까지를 범위로 할 때 그 전 과정은 정책과정으로서 관료 정치적 요인이 지배한다고 할 수 있기 때문이다. 이 부분은 행정학적 관점을 적용하여 연구의 내용과 특징 들을 살펴보기로 한다.

행정학적 관점에서의 위기관리 연구는 시기적으로 다소 늦게 수행되어져 왔다. 위기의 문제들을 일반 행정관리상의 행정문제로 취급해 왔

---

12) Uriel Rosenthal and Bert Pijnenburg eds(1991), *Crisis Management and Decision Making: Simulation Oriented Scenarios*, London: Kluwer Academic Publishers. p.212.

기 때문이다. 그러나 미국에 있어서는 1980년대 들어서 위기발생의 빈도가 증가하고 위기 결과와 영향의 심각성에 대한 인식이 증대함으로써 더 이상 일반 행정문제로 취급하기 에는 한계가 있다고 인식이 확산되어 온 배경에서 행정학. 정책학에서의 연구가 증가하여 왔다.[13)]

미국에 있어서 그동안 역사적으로 주요 재앙 사건들이 있을 경우 위기관리는 공중보건이나 민방위 조직들의 지원을 받는 법집행 기능이나 소방의 기능으로만 인식되어 왔고, 행정학에서는 위기관리를 행정학의 주류 활동내의 것으로 고려하지 않았다. 그러나 연방정부 수준이든, 주정부와 지방정부 수준이든 혹은 정부간 활동이든 위기관리는 행정이나 행정학의 중심적인 활동이 되어야만 한다는 주장이 제기되어 왔다.[14)] 이러한 배경에서 출발한 주목받는 연구가 Schneider에서 찾을 수 있다. 자연재난과 인위재난이 주는 영향을 감소시키기 위해서는 통합적이고 총체적인 접근을 통해서 문제와 필요를 정의하는 것이 적절하다는 인식에서 위기관리를 체계적으로 연구한 Schneider는 자연재난 관리에 있어서의 위기 규범과 관료규범 사이의 차이를 통해 위기대응 활동에 대한 성공과 실패를 살펴보고 있다.[15)] 즉 그녀는 위기 대응의 성공과 실패는 재난 희생자의 집합적 행태와 공무원의 관료적 절차사이의 필연

---

13) 행정학에서 위기관리에 대한 연구의 필요성을 처음으로 주창한 Waldo(1980)는 자신의 저서인 「The Enterprise of Public Administration」에서 위기와 갈등을 동일한 개념으로 보면서, 행정학은 그 기원으로부터 현재에 이르기까지 잠재적이고 실질적인 갈등 상황을 다루는 것을 행정학의 기능으로 하여왔다고 지적하고 있다. 또한 자신이 Public Administration Review의 편집장으로서 재난관리와 위기관리에 관한 심포지엄 구성을 시도했다는 점을 밝히면서, 향후 위기관리 또는 갈등관리가 행정학의 중요한 측면임을 강조하여 행정학 관점에서 이 분야의 연구를 시도하는 것이 필요하다고 강조하고 있다(이재은, 2000a: 73).
14) W. J. Petak(1985), Emergency Management: A Challenge for Public Administration, *Public Administration Review* 45, p.3.
15) Saundra K. Schneider(1992), Governmental Response to Disasters: The Conflict Between Bureaucratic Procedures and Emergent Norms, *Public Administration Review*, 52(2). p.65.

적인 격차의 규모에 달려있다고 주장하면서 이 같은 격차 규모의 변화
는 정책집행의 세 가지 유형에 상응한다고 보았다. Schneider는 상향식
정책집행과 하향식 정책집행과정을 이용하여 상향식 과정을 따르는 정
부 대응이야말로 성공을 하기가 가장 쉽고, 혼돈되고 분열된 방식은
혼합된 대응으로 보이며, 하향식 유형을 따르는 대응은 일반적으로 완
전히 실패로 인식된다는 점을 지적한다. 이들 세 가지 집행유형을 활
용하여 정부의 자연재난 구조 노력의 성공과 실패를 이해하기 위한 틀
을 만들고자 시도하였다

우리나라에서의 재난에 대한 연구는 연구자의 강조점에 따라서 다르
지만 보편적으로 제 환경, 제도적 틀, 체계간의 협조와 조정, 의사결정
및 집행과정의 적절성 등과 같은 주제를 종합적 체계적으로 고려하는
정책적 수준에서의 노력을 하고 있다. 시기별로 개관해 보면, 1960년대
의 재난의 연구는 특정의 실증적인 연구의 경향을 보이며 1970년대에
는 특정의 실증적 연구결과들을 보다 일반적인 기술적인 모형과 연계
시키고 일반적인 설명 틀을 제시하는 경향을 보이고 있다. 1980년대
이후에야 비로소 재난위기에 대한 관리적 차원과 정책적 차원의 연구
의 경향이 나타나고 있음을 볼 수 있다. 이러한 경향은 1985년1월 위
기관리를 주제로 한 미국의 행정학회의 학보발간에 영향을 받았다고
할 수 있다. 이 시기 이후에 발표된 우리나라의 연구물 들은 주로 재
난위기관리체계문제점에 대한 개선방안이 주류를 이루는 것이었다. 예
를 들면 황윤원의「돌발 사고에 대한 위험대비행정의 분석」대표적인 연
구라고 할 수 있다. 위험행정으로서 제기된 문제로 재난관리체계로서
재난에 대한인지와 이를 배경으로 한 체계의 형성은 뚜렷한 재난관리
체계가 부재한 상태에서 자연스럽게 제기되는 것 이었다. 이 주제에
대한 연구에 있어서 사용한 접근법은 제도적 접근법, 인지 학습적 접
근법, 의사결정 접근법, 집행과정 접근법의 네 가지 접근법을 적용하고
있다.[16) 집행과정 접근법은 이재은의 연구를 들 수 있을 것이다. 그는
재난관리의 효과성제고를 위한 집행구조의 개선을 제기하고 있다. 인지

학습적 접근법과 의사결정 접근법으로는 김영평 등의 연구를 볼 수 있다. 그들은 재난관리가 과학기술적, 공학적 차원 뿐 아니라 사회 문화적 차원에서 고려될 필요가 있음을 강조하면서 우리나라 사람들의 재난 인지의 특성을 살펴보고 그 특성으로부터 재난관리를 위한 정책적 함의로서 의사결정과정에서의 주의할 요소를 제시하고 있다. 그들 연구에서 발견되는 우리나라 사람들의 재난인지로 이중적 성격이 있다는 것이다. 객관적인지(과학기술적 차원)와 주관적인지(사회문화적)사이에 불일치 폭이 상대적으로 크다는 것인데, 재난관리 정책은 주의해야할 점으로 지적되고 있다. 재난인지의 특수성(사회문화적 차원)을 배제한 본 연구와 관련하여 주목할 것은 그들의 실증적 연구에서 산업화 후의 재난의 내재적 특성과 사람들의 사회문화적 배경변수가 재난인지에 영향을 갖고 의미 있는 요인으로 확인 되었다는 점이다. 이점은 앞으로 재난관리 정책을 설계하는 데 있어서 정책적 노력이 어디에 집중되어야 하는지 좋은 자료로 활용 할 수 있다고 주장하고 있다.[17] 본 연구의 주제와 접근법에 비추어 제도적 접근법을 활용한 종래의 연구들을 정리 분석한다.

제도적 접근법은 국가 재난관리정책의 목표를 효과적으로 달성하는 데에는 다른 무엇보다 재난관리를 위한 행정체계 및 제도를 확립하는 것이 필요하다는 점을 강조하는 연구경향을 의미한다.[18] 이들 연구는 다음과 같은 함의를 제시하고 있다. 첫째, 재난관리행정은 사후 대책적으로 피해에 대한 금전적 보상에 치중해 왔다. 둘째, 행정체계의 기능적 성과가 중요한 변수가 되는데 재난관리기관의 위치와 역할, 참여기관 들 간의 연계관계, 재난관리 과정 등을 구성요소로 하고 있다. 이

---

16) 이재은(2000b), 위기관리정책 효과성 제고와 집행구조 접근법, 「한국정책학회보」, 9(1), pp.51-56. 재인용
17) 김영평, 최병선, 소영진, 정익재(1995), 한국인의 위험인지와 정책적함의, 「한국행정학보」, 29(3).
18) 제도적 접근법으로 재난을 연구한 것으로는 황윤원(1989), 정윤수(1994), 정홍수(1994), 남궁근(1995), 박동균(1995), 박광국(1997)등이 있다.

구성요소의 작동원리가 특히 재난의 관리라는 본래의 목적에 부합하지 못하여 효율성 및 효과성이 높지 못하다. 예를 들면, 관료제적 절차와 재난규범간의 괴리, 부서별 업무의 불분명성, 재난부서의 지나친 세분화 등을 지적할 수 있다. 셋째, 재난관리 조정능력을 고양시키기 위한 전략의 중요성을 지적하고 있는데 Drabek은 1978년부터 1980년까지 미국에서 발생한 여섯 개의 자연재난 사례를 대상으로 재난이 발생한 이후 대응조직들의 탐색, 구조 활동을 분석하고 있다. 분석결과를 통해 정부간 조정을 강화하기 위한 전략을 제시하고 있다. 그의 결론은 미국정치구조상 다원화 되어있는 체계의 조정을 위해 조정의 축으로서 재난위기 운영센터 지역사회 재난훈련 실시 등이 필요함을 제시했다.

선행연구들의 맥락에서 볼 때 우리나라 재난관리행정체계는 다음과 같은 문제점을 지닌다.[19] 제도적 틀에서는 담당기구가 3원화되어 있고, 재해를 관리할 상설 주도기관이 없으며, 규모와 전문성이 취약하다. 그리고 재난관리를 위한 행정과정에서는 사후대책에 치중하고 있어 사전예방활동이 취약함을 지적하고 있다. 따라서 이러한 문제점을 극복하고 재난관리정책의 효과성을 제고하기 위한 행정체계의 개선방향으로는 제도적 틀의 측면에서 재난관리를 전담할 기구가 필요하고, 자연재난 및 인위적 재난을 관리하는 기능을 통합하는 것이 필요하며, 행정과정의 측면에서는 재난관리 단계별로 기능을 강화하는 것이 요구된다는 것이다.

---

19) 남궁근(1995), 재해관리행정체계의 국가간 비교연구: 미국과 한국의 사례를 중심으로, 「한국행정학회보」, pp.957-981.

2장

재난관리에 관한 이론적 검토

　본 장에서는 재난에 관련한 이론들을 검토한다. 재난의 발생과 유형론을 살펴보고 특히 현대사회에 있어서 재난은 환경과 연관되어 있음을 고려할 때 발생과 유형론에 대한 다양한 이론적 분석이 가능하다고 할 수 있다. 그런 시각에서 재난의 발생 및 접근방법에서 재난의 개념을 설명하고, 위기재난의 유형론에서 자연재난, 인위재난, 급성재난과 만성재난을 검토한다. 그 밖에 재난에 관한 이론에서는 재난배양이론, 정상사고이론, 고도신뢰이론을 고찰한다. 재난의 관리는 이러한 이론적 토대를 바탕으로 만들어진 합리적인 체계로서 이해할 수 있으며 네 단계의 관리수준을 설명한다.

제1절 재난의 개념 및 접근방법

1. 재난의 개념

우리나라의 재난 및 안전관리기본법 제2조 1호에 "재난이란 화재, 붕괴, 폭발, 교통사고, 화생방사고, 환경오염사고 등 국민의 생명과 재산에 피해를 줄 수 있는 사고를 총칭하며 다만 자연재난은 제외한다"고 규정하고 있다. 여기서 자연재난이란 풍수해, 설해, 조해, 한해, 냉해, 발해, 상해, 병충해 등을 포함한다. 재난 및 안전관리기본법상의 규정은 재난을 자연재난과 구별할 뿐 아니라 다양한 원인과 다양한 유형의 재난규정에서 벗어나, 발생한 현상(사고)과 실태 초점을 맞추고 있음을 알 수 있다. 이와 달리 연구자들이 규정하고 있는 것을 보면 우선 개념규정상 재해, 재난, 위기, 위험, 위난 등의 용어를 혼용해서 사용하고 있다.[20) 황윤원[21)]은 재난이란 "예기치 못했고, 바람직하지 않은 사건이나 현상의 출현으로 재산이나 신체에 손실을 초래하는 상태"라고 정의하고 있다. 이 규정은 포괄적이지만 발생의 원인으로서 '예기치 못한 사건'이란 표현을 활용하고 있으며 그 결과로서 '손실을 초래한 상태'라고 이해하고 있다.

컴퓨터이용교육 프로그램에서는 위급상황과 재난을 개념적으로 구분하고 있는데 위급상황은 개인이나 가족, 집단에게는 고통스러운 사건이지만 지역공동체가 큰 동요 없이 비교적 정형화된 프로그램을 가지고

---

20) 남궁근(1995), 재해관리행정체계의 국가간 비교연구: 미국과 한국의 사례를 중심으로, 「한국행정학회보」, p.957.
21) 황윤원(1989), 돌발사고에 대한 위기대응 행정의 분석, 「한국행정학회보」, p.152.

대처해나갈 수 있다. 반면, 재난이 발생하면 엄청난 물적, 사회적 수요 때문에 지방정부나 상위정부로부터 도움이 필요하게 된다. 컴퓨터는 지금 모든 시스템 운용의 기초가 되고 있고 재난관리체계에 예외가 아니라는 입장에서 컴퓨터의 명령어는 재난에 대한 기본적인 규정에 활용해도 무리가 없을 것이다. 박광국[22]은 재난의 개념규정에 있어서 컴퓨터 이용교육 프로그램의 매뉴얼을 참고하여 "기술적 불확실을 가지고 특정 지역에서 발생하면서 지역공동체가 감당할 수 없는 엄청난 물적·사회적 피해를 미치는 바람직스럽지 못한 사건·사고"로 규정하고 있다.

미국의 연방재난관리청(FEMA)의 재난규정을 살펴보면, "통상 사망과 상해, 재산피해를 가져오고 또한 일상적인 절차나 정부의 지원으로 관리할 수 없는 심각하고 규모가 큰 사건으로 이러한 사건은 보통 돌발적으로 일어나기 때문에 정부와 민간조직 부문이 인간의 기본적 수요를 충족시키고 복구를 신속하게 하기 위해 즉각적이고 체계적으로 효과적인 대응을 하여야 하는 사건"으로 규정하고 있다.

이러한 규정들은 재난의 실태와 피해의 정도, 그럼으로써 재난관리 기관의 대응의 정도와 수준에 준거한 규정으로 이해할 수 있다. 그러나 이러한 규정들은 물리적·객관적 피해에 대한 처방을 강조하는 특성을 갖지만 재난의 성격을 논외로 함으로써 재난의 원인과 과정을 소홀히 함으로써 근본적인 대응을 위해서는 한계를 보인다고 할 수 있다. 따라서 위의 규정들을 모두 포용한다 하더라도 우리는 근본적인 접근을 위해 다른 시각의 개념규정들에 관심을 가질 필요가 있다.

또 다른 시각에서의 개념은 물리적·객관적인 재난의 발생과 그 상황의 이해로부터 벗어나 재난을 사회문화적 맥락에서 파악하는 것이다. 이런 시각에서 보면 재난 자체로서는 중요한 의미를 갖지 못하고 재난 이전의 단계로서 위험에 대한 사회에서의 인지가 중요하게 인식된다. 재난이란 사회적 인지의 결과를 일컬음이기 때문이다. 그리하여 위험을

---

22) 박광국(1997), 재난관리체계의 효과성 평가에 관한 연구: 공무원·주민의 의식수준을 중심으로, 「한국행정학회보」, p.584.

사람마다 상이하게 표현(인지)하는 특별한 사회적 행위로 파악하는 것이다. 예를 들면, 루만은 재난이라는 용어 대신에 위험이라는 용어를 활용하고, 위험을 객관적으로 존재하는 물리적인 위해와 구별하고 있다.[23] 즉 위험이란 객관적·물리적인 위해와 달리(이 경우 재난과 같은 의미가 된다) 특정 결정에 귀속되는 피해로 이해하는 것이다. 다시 말하면 인간이 의식적으로 특정 결정을 하고 그 결정에 의해 야기될 수 있는 위험 발생을 중심개념으로 하는 것이다. 정익재[24]의 개념규정은 이러한 측면에 서 있다고 할 수 있다. 그는 위험을 "부정적인 가치를 지닌 사건에 처할 확률, 즉 바람직하지 못한 결과가 발생할 수 있는 불확실한 상황"으로 간주한다. 정익재의 규정은 불확실한 미래에 대한 인식을 위험발생의 확률로 설명함으로써 간단한 위해로부터 심각한 위험으로의 전이되는 과정을 분석할 수 있는 기회를 보여주고 있는 것이다. 즉 그는 위해, 위험, 재난의 순서로 문제의 발생과 전이가 진행되는 것으로 이해하고, 재난의 앞선 단계인 위험을 강조하여 결과발생을 확률적으로 인식함으로써 문제발생과 해결의 근본적 접근을 강조하는 입장을 표명하고 있다.

지금까지 살펴본 개념규정은 재난을 보는 시각이 상이함과 재난에 관한 다양한 인식이 가능함을 보여준다고 할 수 있다. 이러한 다양한 인식이 재난을 예방하고 대처하는 관리체계의 바람직한 모델의 형성을 위해 중요한 분석의 시각을 제공한다고 할 수 있다.

---

23) N. Luhmann(1993), Risk: Sociological Theory Aldine de Gruyter.
24) 정익재(1995), 위험의 특성과 예방적 대책, 「한국행정학회보」, 3(2), p.51.

2. 재난의 유형론

재난은 인간의 생존과 재산의 보존이 불가능할 정도로 생활 질서가 위협받는 상태를 말한다. 이러한 재난은 그 발생원인과 사회에 미치는 충격속도, 규모, 발생장소 등을 기준으로 하여 그 유형을 구분할 수 있다.

1) 재난의 유형 분류

재난은 일반적으로 그 발생원인에 따라 자연재난, 인위재난으로 구분된다. 자연재난은 홍수, 폭풍, 지진 등과 같이 자연현상에 기인한 재난으로, 고전적 의미의 재난은 주로 자연재난을 지칭한다. 인위재난은 폭발, 붕괴사고 등과 같이 인위적 원인에 의한 재난으로 도시화 현상과 더불어 대규모 인위적 사고도 재난으로 받아들여지고 있다. 인위재난은 인간의 기술발달에 기인한 것이므로 유기적 재난이라고도 한다.

그러나 재난의 분류는 나라와 지역에 따라 다양하게 분류하고 있으며 그 분류기준도 재난의 복합적 현상으로 인해 그 기준이 명확하게 제시되지 않고 있다. 대표적인 학자들의 재난분류를 소개하면 다음과 같다.

(1) Jones의 재난분류

Jones는 재난의 발생원인과 현상에 따라 크게 자연재난, 준자연재난 그리고 인적재난으로 구분한다. 아래의 <표 1>은 Jones의 재난분류를 보여주고 있다.[25] 그의 분류방식의 특징을 살펴보면 자연재난은 다시

---

25) David K. C. Jones(1993), Environmental Hazards, p.35.

지구물리학적 재난과 생물학적 재난으로 나누며 지구물리학적 재난을
다시 지질학적, 지형학적, 기상학적 재난으로 구분하고 있다. 인적재난
에는 공해, 광화학연무, 폭동, 교통사고, 폭발사고, 태업, 전쟁 등을 포
함시키고 있다. 이러한 Jones의 재난유형 분류는 장기간에 걸친 완만한
환경변화현상(공해, 염수화, 토양침식, 파업 등)까지 재난에 포함시키고
있으며, 위기관리적 관점에서 일반 행정관리의 대상까지도 재난으로 분
류하고 있어 재난관리 분야에 그대로 적용시키기에는 너무 광범위하다
는 문제가 있다.

Jones의 재난분류는 <표 1>과 같다.

〈표 1〉 Jones의 재난분류

재				난	
자 연 재 난				준자연재난	인위재난
지구 물리학적 재난			생물학적 재난	스모그현상 온난화현상 사막화현상 염수화현상 눈사태 산성화 홍수 토양 침식 등	공해 광화학연무 폭동 교통사고 폭발사고 태파업 전쟁 등
지질학적 재난	지형학적 재난	기상학적 재난			
지진, 화산, 쓰나미 등	산사태, 염수토양 등	안개, 눈, 해일, 번개, 토네이도, 폭풍, 태풍, 가뭄, 이상기온 등	세균질병 유독식물 유독동물		

자료: David K. C. Jones(1993), Environmental Hazards, p.35.

(2) Anesth의 재난분류

Br. J. Anesth는 자연재난을 기후성 재난과 지진성 재난으로 분류하
고 인적재난을 고의성 유무에 따라 교통사고, 산업사고, 폭발사고, 화
재사고, 생물학적 재난, 화학적 재난, 방사능 재난과 같은 사고성 재난
과 테러, 폭동, 전쟁과 같은 계획적 재난으로 구분하고 있는데, 이러한

재난분류는 미국의 지역재난계획에서 주로 적용하고 있다.26) 그의 분류방식은 대기오염, 수질오염과 같이 장기간에 걸친 완만하게 전개되고 인명피해를 발생시키지 않는 일반적 행정관리 분야가 되고 있는 일반적 문제(재난)는 제외하고 있는 것이 특징이다. Anesth의 재난분류는 다음 <표 2>와 같다.

<표 2> Anesth의 재난분류

대 분 류	세 분 류	재 난 의 종 류
자연재난	기후성 재난	태 풍
	지진성 재난	지진, 화산폭발, 해일
인위재난	사고성 재난	교통사고(자동차, 철도, 항공기, 선박) 산업사고(건축물붕괴) 폭발사고(갱도, 가스, 화학, 폭발물) 화재사고 생물학적사고(박테리아, 바이러스, 독혈증) 화학적사고(부식성물질, 유독성물질) 방사능사고
	계획적 재난	테러, 폭동, 전쟁

자료: 김경안, 유충(1999), 「재난대응론」, 서울: 도서출판 반.

보편적으로 재난의 유형으로 활용되고 있는 Jones와 Anesth의 분류를 살펴보았다. Jones의 분류내용은 매우 광범위한 대상을 재난에 포함시키고 있고, 반면 Anesth의 분류내용은 사회에 미치는 피해의 정도가 완만하여 장기간에 걸쳐 밝혀지는 것은 일반 행정의 규제대상으로 보고 재난의 내용에서 제외시키고 있다. Jones의 준자연재난이 Anesth의 여기에 해당한다고 할 수 있다. 이 점을 제외하면 모두 자연재난과 인위재난으로 구별하고 있다는 것은 동일하다. 그러나 재난의 분류내용에 있어서 어느 것을 자연재난, 인위재난, 준자연재난에 포함시킬지는 연구자에 따라서 혹은 지리적 특성(국가)에 따라서 차이를 보일 수 있을

---

26) 김경안·유충(1999), 「재난대응론」, 서울: 도서출판 반, p.31에서 재구성.

것이다. 자연재난과 인위재난의 경계가 그렇게 명확하지 않을뿐더러 최
근에는 인위적 자연재난이 과거보다는 많다는 것이 학계의 일반적으로
지적되고 있는 상황을 감안할 때 더욱 그렇다. 그러나 연구자들이 인
위재난과 자연재난으로 구분하고 있는 것은 동일하다. 그 밖에 시간적
기준에 따라 급성재난과 만성재난의 유형을 첨가시키기도 한다. 재난을
보는 시각에 따라서 재난발생의 원인(주체)이 자연인지 혹은 사람의 인
위적인 요소인지 구분하고 시간적 관점에서 구분하기도 한다. 현대사회
에서 시간적 요소가 갖는 의미가 매우 중요함을 감안할 때 본 연구에
서는 재난의 유형에 있어서 주체의 관점(발생원인)에서 자연과 인위 그
리고 시간적 관점에서 급성재난과 만성재난으로 구분하여 논의하기로
한다.

2) 자연재난

자연재난(Natural disaster)은 자연현상에 기인한 재난을 말한다. 그
원인과 결과의 다양한 형태에 의해 여러 가지의 자연재난으로 나뉠 수
있다. 크게는 기상요인에 의한 기상재난과 지진·화산활동 등에 의한
지질적 재난으로 나뉜다. 우리나라의 경우는 지질적 재난은 거의 없으
나 가끔씩 원인불명의 지진이 발생하여 그 대비를 필요로 하고 있다.

자연재난은 인위적으로 완전히 복구시킬 수 없는 불가항력적인 요소
를 지니고 있으나 그러나 자연재난을 초래하는 어느 정도의 크기의 외
력을 고려한 시설물의 설계 및 시공, 방어 시설물의 구축, 재난발생의
사전예방에 따라 예방조치, 재난발생 시의 신속한 복구대책 수립 등으
로 재난을 막거나 최소화할 수 있다.

사실 자연재난이라 해도 순수 자연현상에 의하는 경우만은 없으며
인간의 기술사용과 자연파괴에 의해 그 빈도와 강도가 커지고 있으며,

자연재난에 대비하는 인간의 부주의로 더 큰 피해를 초래하기도 한다. 더욱이 하나뿐인 지구가 자연적·인위적인 여러 요인에 의해 병들어가 면서 기상과 지질에 이상이 생기고 있어 인류는 그 원인을 규명하고 근본적인 해결책을 마련하고자 부심하고 있다.

현재 우리나라 행정은 풍수해대책법, 농업재난대책법, 민방위기본법 에 의해 자연재난을 관리하고 있다. 자연재난을 그림으로 나타내면 <그림 1>과 같다.

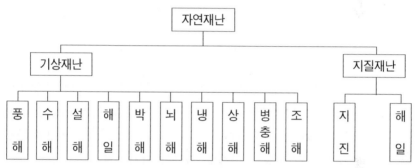

자료: 임송태(1999), 재난종합관리체계에 관한 연구, 한국지방행정연구원, p.19.

〈그림 1〉 자연적 재난의 분류

3) 인위재난

재난의 유형은 재난발생의 원인, 재난발생 장소, 재난의 대상, 재난 발생과정의 시간적 차이, 위험의 내재적 특성 등의 기준에 따라 다양 하게 분류될 수 있다. 인위재난은 인간의 고의 또는 부주의로 발생하 는 재난으로서 이는 다시 사고성 재난, 범죄성 재난, 기술재난, 화학재 난, 환경재난, 특수재난 등으로 구분될 수 있다.

인위재난이란 사람의 부주의로 발생하는 사고성 재난과 고의적으로

자행되는 범죄성피해 그리고 산업의 발달에 따라 부수되는 제반 재난을 총칭하며, 구체적으로는 문명의 이기로서의 기계류 시설물 등에 의한 물리적 재난과 화학적으로 물질의 원형을 변화시키는 화학적 재난, 인간의 생활환경에 위험을 가하는 환경재난 및 위에 포함되지 않는 특수재난으로 대별된다.

즉 인위재난은 인위적으로 완전히 근절시킬 수 없는 기술부족으로 인한 재난, 기술의 활용과정에서 부주의로 인해 나타날 수 있는 재난 등을 총칭하여 인위적 혹은 기술적 재난이라고도 한다. 기술부족으로 인하여 발생하는 재난은 기술의 발달에 따라 나타난 여러 화학물질을 처리하는 기술이 부족하여 생활환경을 오염시키는 재난이라고 할 수 있다. 기술의 발달에 수반되어 필연적으로 겪어야 하는 재난들은 기술과 산업의 발달을 추구하고 그로 인한 부작용을 감내하는 한 불가피한 것으로서 핵발전소, 화학공장의 가동, 농약의 개발과 사용 과정에서 나타나는 오염과 자연파괴, 생태계 파괴 등을 말한다. 기술의 활용과정에서 인간의 부주의, 기술상의 하자로 인하여 나타나게 되는 재난은 인간의 고의, 과실이 개입되어 야기되는 것으로서 화재, 교통사고, 위험물폭발, 원자력발전소의 방사능 누출사고 등이 있다.

최근에는 사회구조가 복잡하고 도시로서의 인구집중, 건축물의 고층화, 심층화, 각종 기능의 집중화에 따라 문화적으로 편리한 생활이 가능해진 반면, 새로운 형태의 인적재난이 발생할 가능성이 높아지고 있다.

2004년 5월 29일 시행된 재난 및 안전관리기본법 제3조에서는 재난을 다음과 같이 정하고 있다. 재난이라 함은 국민의 생명·신체 및 재산과 국가에 피해를 주거나 줄 수 있는 것으로서 다음과 같은 것을 말한다.

첫째, 태풍, 홍수, 호우, 폭풍, 해일, 폭설, 가뭄, 지진, 황사, 적조 그 밖의 이에 준하는 자연현상으로 인하여 발생하는 재난으로서, 현재의 자연재난대책법의 규정을 적용받는 자연재난과, 둘째, 화재붕괴·폭발·교통사고·화생방사고·환경오염사고 그 밖에 이와 유사한 사고로 대통령령이 정하는 규모 이상의 피해로서 인적재난, 셋째, 에너지, 통신, 교통, 금융, 의료, 수도 등 국가기반체계 마비와 전염병 확산 등으로 인한 피해로서, 지금까지의 법령에서 다루지 않던 소위 사회적 재난까지를 포함하는 포괄적인 개념으로 재난을 정의하고 있다.

2003년에는 전례 없이 국가경제와 국민생활에 큰 피해와 불편을 초래했던 화물연대의 파업과 일부지역에서 발생하는 집단행동에 의한 고속도로에서의 교통방해 행위, 중국에서 발병하여 세계 각국을 긴장시켰던 전염병 사스 등을 재난의 정의에 포함시켜 국가적으로 대비토록 한 것이 특징이라고 할 수 있다. 인위재난을 그림으로 나타내면 <그림 2>와 같다.

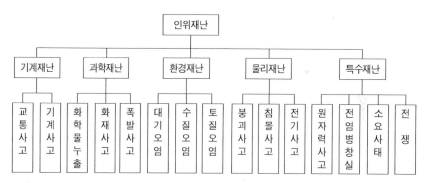

자료: 임송태(1996. 2.), 재난종합관리체계에 관한 연구, 한국지방행정연구원, p.19.

〈그림 2〉 인위재난의 분류

4) 급성재난과 만성재난

재난의 유형에 따라 자연재난과 인위재난으로 분류하는 한편, 재난발생과정의 시간적 논리에서 급성재난과 만성재난으로 나눌 수도 있다.

급성재난이란 그 발생과 진행과정이 상대적으로 빨리 이뤄지는 재난으로서 폭풍, 홍수, 산불, 위험물질방출, 폭발 등을 들 수 있다. 반면 그 진행이 더딘 재난을 만성재난이라 할 수 있는데 이에는 전염병, 병충해의 농작물 피해, 환경파괴가 있다. 이 분류의 의미는 재난에 관한 정보의 전달과정과 대응과정의 차이에서 찾을 수 있다. 만성재난은 상대적으로 재난의 정보전달과 대응에 시간적 여유가 많으므로 대응과 피해복구의 사전준비가 크게 요구되지 않으며, 전국적인 또는 전 세계적인 범위에서의 자료의 전달과 교환을 통해 재난방지대책을 수립할 수 있다. 급성재난은 만성재난에 비하여 급격하고 또는 국지적으로 이루어지기 때문에 사전대비 및 재난발생 시 신속한 대처가 필요하다.

또한 재난발생과정의 시간적 차이에 따라서는 급성재난(폭풍, 홍수, 산불, 위험물질누출, 폭발 등)과 만성재난(전염병, 병충해 등 농작물 피해, 환경파괴 등)으로 나눌 수 있다. 이 구분의 의미는 재난에 관한 정보의 전달과정과 대응과정의 차이에서 찾을 수 있다. 이를 종합하여 도표로 나타내면 <표 3>과 같다

〈표 3〉 시간적 재난 분류표

발생원인별 유형 / 시간	급성재난	만성재난
자연재난	지진, 번개, 토네이도, 폭풍, 태풍, 쓰나미 등	안개, 눈, 해일, 가뭄, 이상기온 등
준자연재난	홍수, 눈사태 등	스모그현상 온난화현상 사막화현상 염수화현상 산성화 토양침식 등
인위재난	교통사고, 폭발사고, 전쟁 등	공해, 광화학연무, 태파업 등

또한 발생원인별 유형과 시간별 유형을 그림으로 표현하면 <그림 3>과 같다.

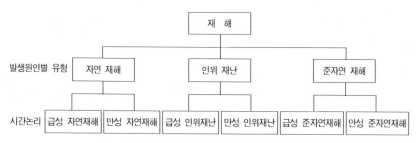

〈그림 3〉 발생원인 및 시간별 재난분류

3. 재난에 관한 이론

현대사회의 재난관리 혹은 위기관리와 관련한 대표적인 이론을 분류하면 재난배양이론(Disaster Incubation Theory, 이하 DIT라 한다), 정상사고이론(normal accident Theory, 이하 NAT라 한다), 고도신뢰이론(High Reliability Theory, 이하 HRT라 한다) 등을 들 수 있다.

재난배양이론은 이 분야의 선구적인 이론가인 Turner의 이론으로부터 발아한 논리로서 재난발생의 사회적, 문화적인 측면을 강조하는 내용이고, 이후에 이를 체계적으로 발전시킨 것이 Perrow의 정상사고이론이다. 이 두 이론은 모두 복잡한 현대사회의 속성 속에서 재난발생의 필연성을 찾고 있으며, 그것에 대한 관리의 어려움을 강조한다. 그러나 90년대 이후 이러한 다소 비관적인 견해로부터 적극적으로 재난을 관리할 수 있다는 의견들이 표출되고 있는데 이러한 관점을 대변하는 이론이 고도신뢰이론이다. 이 이론은 복잡하고 꽉 짜인 체계일지라도 조직에 유연성의 요소를 도입하고 학습 구조를 확립한다면 재난발생의 필연성을 어느 정도 억제할 수 있다고 믿는 시각을 담고 있다. 합리적인 재난체계의 구축을 위하여 각 이론들의 관점을 살펴보고자 한다.

1) 재난배양이론

이 이론은 Turner의 1978년 저작 *Man Made Disaster*에서 제기된 것으로, 주로 위험 발생의 사회적, 문화적 측면에 주목한다. Turner의 주된 관심은 위험이 발생하는 해당 사회의 사전 조건들을 규명하는 것이었다. 그는 위험이 이미 사회 속에 내재되어 있다는 것을 강조한다. 즉 위험 발전의 초기 단계인 배양단계에서부터 사회 속에서는 위험이 잠재되어 누적되어가고 있다는 것이다.

위험은 가시적 발생 이전부터 오랜 시간 동안 누적되어온 위험요인들이 특정한 시점에서 표출된 결과이다. 즉 비가시적으로 누적되고 있는 위험발발요인이 재난을 발생시키는 중요한 요인이다. 재난배양이론(Disaster Incubation Theory) 혹은 MMD(Man-Made Disaster)모형에 의하면 기술적·사회적·제도적·행정적 장치들이 재난을 발생시키게 된다. 이는 삼풍백화점 사건이나 성수대교 사건에서 전형적인 예를 찾을 수 있다. 또한 비가시적으로 누적되고 있는 위험발발요인은 단순히 위험의 발생에만 작용하는 것은 아니며 전개과정에서도 작용할 수 있다. 예를 들어 전형적인 자연재난인 지진이나 태풍의 경우에도 그 피해는 자연재난의 강도·규모 그 자체에만 의존하는 것이 아니라 예방능력의 부족, 관리체계의 구조적인 결함, 위험에 대한 개인·조직의 타성에 기인한 위험에 대한 낮은 수준의 인지도 등에 의존하게 된다.

특히 Turner는 자신의 MMD모형을 인지적인 것이라고 했는데 이런 인지적인 것에 대한 강조는 최근 사회적 인지 혹은 문화적 접근으로 이해되고 있다. 이런 인지는 불확실성을 확실성으로 바꾸어준다. 따라서 Turner은 MMD모형에서 나타나는 위기상황에 대한 내재적인 문화적 맹목성에 주목하고 문화와 조직학습은 안전에 있어 매우 중요하다고 강조하였다. 독일의 사회학자 Ulrich Beck도 현대사회를 위험사회로 규정하면서, 위험성을 인간의 평상적인 지각력을 벗어난 것으로 진단하

였다. 그것은 또한 미래의 새로운 사회 패러다임으로의 변화의 전조이
기도 하다. 즉 위험의 인지와 그에 대한 대응이 사회의 운영과 변동에
있어서 매우 중요한 위치를 차지하게 된다는 것이다.[27]

따라서 이 이론의 주된 관심은 재난이 발생하는 해당 사회의 사전조
건들을 규명하는 것으로 재난이 이미 사회 속에 내재되어 있다는 것을
강조하고 있다. 재난발전의 초기단계인 배양단계에서부터 사회 속에는
재난이 잠재되어 누적되어 가고 있다는 것으로, 이러한 재난의 배양에
대한 강조는 재난 그 자체보다는 재난을 야기하는 사회적 상황에 대하
여 사전적인 관심을 기울여야 한다는 것을 제시한다.

이 이론이 재난의 사전적 배양에 대해 관심을 기울인다고 해서 재난
의 발생 이후의 준비나 대응단계에서 위험을 측정하고 대처하는 것 자
체를 소홀히 한다는 것은 아니다. 다만 문제는 소위 위험평가에서 흔
히 무시되었던 사회 / 문화적인 조건들을 제대로 인식하고, 위험과 관련
된 조직문화의 맹점, 부적절한 정보, 의사소통의 문제점, 안전규제 도
입의 실패 등을 성찰해야 한다는 것이다.[28] 결국, 재난배양이론은 위기
상황에 대한 내재적인 문화적 맹목성에 주목하고 조직문화와 조직학습
은 매우 중요하다는 것을 강조하는 데 있다.

2) 정상사고이론

이 개념은 Perrow의 1984년 저작 *Normal Accident*에 처음으로 소개
되었다. 그는 현대사회의 기술적, 조직적 시스템의 특성을 복잡하고,

---

27) Ulrich Beck(1986), *Risikogesellschaft*: *auf dem weg in eine andere mo-
    derne*, Frankfurt am Main: Suhrkamp, p.29.
28) J. F. Rosa Short(1998), Organizations, Disasters, Risk Analysis and Risk:
    Historical and Contemporary Contexts, Journal of Contingencies and Crisis
    Management, 6(2), p.52.

꽉 짜인 것에서 찾는다. 복잡하고 꽉 짜인 기술적 체계는 필연적으로 사고를 발생시킬 수밖에 없다는 것이 정상사고(NAT)이론의 핵심 주장인데, 우선 복잡성의 문제를 살펴보자.

복잡성은 위험 자체의 복잡성과 위험의 발생 후에 관련된 기관들 간의 관계에서 야기되는 복잡성으로 나눠서 살펴볼 수 있다. 우선 위험 자체의 복잡성의 경우 세 가지 측면에서 볼 수 있다. 위험의 강도, 규모 그리고 최초 사건과 관련된 다른 위험의 발생이 그것이다. 예를 들어 지진의 경우 지진의 강도와 규모뿐만 아니라(여진(餘震)도 포함) 지진으로 인한 전염병의 창궐 같은 것을 생각해볼 수 있을 것이다. 이러한 위험의 복잡성의 원인 중의 하나는 위험이 상호작용성을 지닌다는 것이다. 위험의 발발은 대체로 단일한 원인에 기인하지 않는다. 물론 어떤 특정한 결정적인 원인이 있다고 하더라도 그것은 또 다른 요인들과 위험의 발발을 향해 상호상승작용을 하는 것이다. 발생 이후에도 위험은 피해주민의 반응, 피해지역의 기반시설 등의 요인들과 계속된 상호작용을 동반하면서 진행된다. 결국 이러한 상호작용에 의해 총체적으로 피해의 강도와 범위가 정해지는 것이다. 이는 위험이 발생한 후엔 과거 위험 경험에서 이해할 수 있는 그런 전통적인 재난이 아니라 새로운 형태 혹은 새로운 지리적 위치에서 예기치 못한 일련의 위기가 이어질 수도 있다는 것을 의미한다. 예를 들어 어떤 자연재난은 국제 정치적 위기를 야기할 수도 있고 민족적 갈등을 야기할 수도 있다.

이처럼 체계가 복잡하다는 것은 그 체계를 구성하는 요소들 간의 복잡한 상호작용으로 말미암아 인간이 요소들 간의 상호작용을 정확하게 이해하기 어렵게 되어, 결과적으로 불확실성이 높아지는 것을 의미한다. 또 체계의 요소들이 다중적인 기능을 하기 때문에 그만큼 실패가 다양하게 나타나게 되며, 요소들 간의 관계가 밀접하기 때문에 그러한 실패는 연속적으로 발생하게 된다.

다음으로 '꽉 짜인 체계'란 단일성이 높고, 변형이 적으며, 시간 의존적인 생산과정을 거치는 체계를 의미한다. 흔히 전문가 집단으로 구성되어 있고, 각각의 구성요소들의 대체가 쉽지 않은 속성을 지닌다. 이러한 체계는 체계 내에 안전기제가 내장되어 있지만, 그 개선이 용이하지 않다는 문제가 있다.[29]

이러한 복잡하고 꽉 짜인 체계에서 예기치 않은 조그만 사건이 발생하게 되면 그것은 곧 가속화의 과정을 거쳐 거대한 재난으로 확대되는 경향이 존재한다. 즉 복잡성과 꽉 짜임의 조합은 사고의 발생을 불가피하게 만들며 사고의 확대를 촉진하게 된다. Perrow는 이렇게 발생하는 사고를 '정상' 사고(NAT)라고 명명하였다.[30] 이러한 견해는 위험 발생의 필연성을 강조하고 그 관리에 대하여는 일종의 비관적 자세를 취하는 입장이다. 체계가 복잡하고 꽉 짜임의 조합은 그 체계를 구성하는 요소들 간의 복잡한 상호작용으로 말미암아 인간이 요소들 간의 상호작용을 정확하게 이해하기 어렵게 되어 결과적으로 불확실성이 높아진다는 것을 의미한다. 이러한 입장에 서는 재난의 불확실성은 다양한 문헌에서 확인된다. 우선 재난에 대한 기존의 분명한 특성이 변할 수도 있고, 그에 따라 위기관리조직도 정상적인 대응의 단순한 확대를 넘어선 선례가 없는 조치들을 취할 수밖에 없게 될 수 있다. 따라서 재난의 발생과 진행은 선형적 혹은 기계적 과정에 따라 진행되는 것이 아니라 오히려 비선형적, 유기적, 진화적인 과정을 따를 수도 있다는 것이다.

재난의 무질서, 다양성과 같은 특성이 미국 내 재난에 대한 대응과정에 미치는 영향은 Drabek의 연구에 잘 나타나 있다.[31] 그는 미국 내에서 발생하는 재난대처과정에 나타난 특성을 지방정부의 역할이 중요하고, 불확실성으로 인해 표준화가 어려우며, 다양한 기관의 참여가 필

---

29) J. A. Rijpma(1997), Complexity, Tight-Coupling and Reliability: Connecting Normal Accidents Theory and High Reliability Theory, *Journal of Contingencies and Crisis Management*, 5(1), p.42.

30) Charles Perrow(1984), *Normal Accidents*, New York: Basic Books Inc. Publishers.

31) Thomas E. Drabek(1985), Managing the Emergency Response, Public Administration Review 45, pp.85-92.

수적이고, 이로 인해 파편화의 특성이 있다는 점으로 요약한다. 재난의 이러한 불확실성은 국내의 문헌에도 많이 제시되어 있다. 「위험의 사전적 의미로서의 불확실성」,[32] 「위험의 가장 주된 내재적 속성 혹은 인간의 예측능력의 한계」,[33] 「위기발생의 예측 불가능성」,[34] 「위기관리조직의 경계성」[35] 등이다.

따라서 재난을 정상사고(NAT)로 보는 관점에서는 재난의 불확실성, 복잡성으로 인해 재난이 언제든지 발생가능한 행정업무의 하나로 보고 이에 대처하여야 한다. 또한 정상사고(NAT)이론에서는 과거 전통적인 재난관리연구에서는 국가재난관리체계의 구조 역시 '예측 가능한 재난대응' 중심으로 짜였다면 현대의 고도산업사회에서는 누적성, 불확실성, 복잡성 등의 재난에 대처하여야 하는 것이다.

3) 고도신뢰이론

정상사고이론의 관점과는 조금 다르게 버클리(Berkely) 학파는 뛰어난 안전 기록을 성취하고 있는 조직들이 지니고 있는 독특한 조직 전략을 연구했다. 위험 예방이 가능하다는 전제 아래, 복잡성과 꽉 짜인 체계에서 위험 발생가능성을 낮출 수 있는 조직의 전략을 발전시킬 수 있으며, 따라서 사고는 예방할 수 있고, 조직의 안전에 관한 신뢰성도 높일 수 있다는 것이 고도신뢰이론(HRT)의 핵심이다. 고도신뢰이론은 정상사고(NAT)이론의 비관적 측면에 대한 반발과, 과거 결정론적인 세계관에 근거한 합리적 의사결정의 전통에 대한 수정을 근간으로 한다.

---

32) 정익재, 정창무(1996), 재난의 유형과 재난관리, 「한국행정학보」, 30, p.45.
33) 최병선(1994), 위험문제의 특성과 전략적 대응, 「한국행정연구」, 3, pp.27-49.
34) 이재은(2000), 한국의 위기관리정책에 대한 연구, 연세대학교 대학원 박사학위논문, p.32.
35) 김영평(1994), 현대사회와 위험의 문제, 「한국행정연구」, 3, pp.5-26.

고도신뢰이론의 위기관리 전략으로는 구체적으로 ① 가외성의 전략, ② 의사결정 분권화 전략, ③ 관점의 유연화 전략, ④ 조직학습 전략 등이 있으며, 이들은 현대 위험관리의 핵심적인 내용을 구성하고 있다.36) 이들 내용을 정리해보면 다음과 같다.

첫째, 가외성의 전략: 고도신뢰이론은 실패한 영역이나 인물들을 복구하기 위하여 조직에 가외성을 도입한다. 가외성의 원리란 부분이 실패하더라도 다른 부분이 그 역할을 보충하거나 실패를 막을 수 있도록 하는 전략을 의미한다. 이는 자연스럽게 다양한 관점을 유지하여 의사결정의 분권화를 도모하는 것으로 이어진다.

둘째, 의사결정 분권화 전략: 고도신뢰이론은 기본적인 의사결정의 전제들37)에 기반을 두어 의사결정의 탈집중화 혹은 분권화를 도모한다.38) 문제가 발생했을 때 신속한 대응을 위해서 의사결정을 분권화하는 전략을 택하는 것이다. 그러나 복잡하고 꽉 짜인 기술조직체계에서는 한 부분의 의사결정의 결과가 미칠 영향을 알 수 없을 경우가 있다. 즉 부분적인 대응이 오히려 문제를 악화시킬 수 있는 가능성이 존재하기 때문에 의사결정의 분권화 전략은 체계 전체의 의사결정의 조정과 체계하에서 이루어져야 한다.

셋째, 관점의 유연화 전략: 조직 한 부분의 성급하고 부적절한 의사결정을 제도적으로 막기 위해 조직의 기술체계와 생산과정에 대한 다양한 관점과 접근법을 동시에 유지함으로써 문제가 발생했을 때, 강도 높은 토론과 협의를 통해 의사결정을 하는 전략이 관점의 유연화 전략이다.

넷째, 조직학습 전략: 어떠한 부분조직도 전체 체계의 기술과 생산과

---

36) J. A. Rijpma(1997), op.cit., p.40.
37) 여기에서 '의사결정의 전제'란 기본적인 조직의 목표나 안전의식이 고취된 조직에 있어서의 안전문화, 체계화되어 있는 조직의 위기대응 등을 의미하는 것으로 이해된다.
38) K. E Weick(1991), The Non-traditional Quality of Organizational Learning. *Organization Science*, 2(1), pp.116-124.

정에 대한 완벽한 지식을 가지지 않도록 조직을 설계함으로써 상호조
정과 협의를 거쳐 의사결정을 하도록 유도하는 것을 말한다. 장기간의
시도 및 비용을 수반하는 시행착오에 의한 학습, 즉 훈련과 모의실험
등을 통한 학습을 수행하는 것이다.

4) 평 가

이상에서 설명한 재난에 대한 접근법을 정리해보면, 우선 재난배양
이론이 주목하고 있는 것은 재난발생의 사회문화적 측면이다. 사회문화
적으로 볼 때 재난의 요소가 이미 그 사회에 깊이 있게 내재되어 있다
는 것이다. 즉 기술적 요소, 사회제도적 요소, 행정적 장치들에 재난의
발생이 내재되어 있다는 것이다. 재난의 발생수준은 비가시적으로 누적
되어 있을 뿐 아니라 발생 이후의 전개과정에서도 작용할 수 있다. 예
를 들면, 자연재난의 발생에서 그 피해는 자연재난의 강도, 규모에만
의존하는 것이 아니라 발생지역의 사회문화적 요소로서의 개인적 혹은
조직적 위험인지능력과 이를 포함한 예측능력의 부족, 관리체계의 구조
적 문제들에 따라서 훨씬 심각해질 수 있다는 것이다. 이 이론은 재난
발생에 대한 총체적 접근을 시도한다는 면에서 포괄적이지만 유용성이
인정된다.

정상사고(NAT)이론은 현대사회의 기술 합리적으로 꽉 짜인 조직 사
회적 특성이 재난발생의 요인이 된다는 것이다. 현대사회의 기술 합리
성은 '복잡성'과 '꽉 짜인'으로 표현되는 상호관련성의 문제라고 할 수
있다. 이러한 상호관련성은 하나의 재난은 하나의 원인에 기인하기보다
'복잡하고 꽉 짜여진' 사회체계에서 중복적으로 상호 관계적으로 발생
한다. 그리하여 지진·해일 등의 자연재난은 전염병과 같은 질병의 발
생과 전염 그리고 발생지역의 지정학적 요소에 의해 국제경제·국제정

치적 문제로서 혹은 민족적 갈등으로 비화될 수 있다. 정상사고(NAT) 이론은 재난의 시각을 상호연관성의 차원에서 재난발생의 국내체계에만 국한하지 않고 국제적 시각으로까지 확대시켜 줄 수 있다. 재난배양(DIT)이론이 사회문화적 시각에서 재난의 원인과 대처의 방법을 찾는 이론인 반면 정상사고이론은 재난을 사회경제적·정치적 측면에서 분석하는 이론이라고 할 수 있다. 이와 같이 재난배양이론과 정상사고이론은 재난에 대한 이해의 시각을 문화적, 사회경제적, 정치적 측면으로까지 확대시키는 일반이론으로서의 포괄적 성격을 특징으로 함을 알수 있을 것이다.

고도신뢰(HRT)이론은 현대사회의 복잡성과 꽉 짜인 체계에서 재난발생의 가능성을 낮출 수 있는 조직의 전략에 주안점을 두고 있다. 조직의 전략이란 종래의 합리적 의사결정의 전통에 대한 수정을 근간으로 하는데, 기계적·수직적 의사결정이라는 결정론적 의사결정의 세계관에서 벗어난 재난조직구조의 분권화, 재난문제논의의 유연화 등을 통해 재난을 분석하는 것이다. 합리적 의사결정론의 보완은 재난에 대한 미시적·구체적 인식을 통해 합리성을 증대하여 예측기능, 대비기능 등을 강화할 수 있다는 것이다. 신뢰성·예측성·확실성을 높이는 방법의 전략으로 가외성, 의사결정의 분권화, 관점의 유연화, 조직학습을 조직전략의 핵심으로 하는 것이다.

요약하면, 재난은 사회문화적 관점에서 볼 때 재난을 이미 배양하고 있고, 사회의 꽉 짜인 체계 및 복잡성으로 인해 재난의 위험이 상존하고 있다는 것이다. 그러나 비록 재난의 상존 위험성에도 불구하고 의사결정의 합리성을 높임으로써 재난을 예측하고 대비가 가능할 수 있다는 것이다. 이를 위해서 모든 이론이 함의하고 있는 것은 조직의 효율적 운영 및 재난을 예측하고 한편으로는 통제할 수 있는 조직 간의 연계 혹은 전체를 조망할 수 있는 상위의 조직체계의 형성을 전제하고 있다. 재난관리는 이러한 재난의 발생을 예측하고 방비함으로써 피해를 줄이려는 모든 활동을 의미하는데 그 준거로서 위에서 설명한 재난배양(DIT)이론, 정상사고(NAT)이론, 고도신뢰이론 등이 활용되고 바탕이 되고 있음을 알 수 있다.

제2절 재난의 관리체계

재난관리체계는 정부 간 관계를 비롯해 중앙정부와 지방정부의 재난대책기관과 함께 교통·경찰·소방·토목·건설 및 응급의료 서비스 등 다양한 연계조직을 통해 재난관리기능을 수행한다. 재난관리체계는 재난발생 이후 단계에서 그 영역이 확대되기 때문에 재난관리의 전 과정에서 여러 구성원들 간의 신속한 정보의 교환·협조·조정 등이 매우 중요한 과제이다.

재난관리의 단계는 재난의 시간대별 진행과정을 중심으로 네 단계로 나누어진다. <그림 4>에 나타난 바와 같이 이를 구체적으로 살펴보면, 재난의 발생을 기준으로 재난발생 전의 국면과 재난발생 후의 국면으로 나누고, 재난발생 전의 국면은 예방과 완화단계와 대비단계로, 재난발생 후의 국면은 대응단계와 복구단계로 분류한다. 이 과정들은 서로 독립적이라기보다는 상호 유기적이며 순환적인 관계를 갖고 있다.[39] 재난관리 4단계에서 제시된 전략은 기본적으로 시간별 재난의 진행상황에 맞춘 관리전략을 제시할 뿐 아니라 위기관리전략의 기본전제에

---

39) David McLouglin(1985), A Framework for Integrated Emergency Management, *Public Administeation Review* 45, p.166; William J. Perak(1985), Emergency Management: A Challenge for public Administration, *Public Administration Review* 45, p.3.

대한 논의도 담고 있다. 1985년의 미국행정학회가 다룬 재난관리전략
은 비록 자연적 재난을 염두에 두고 전개된 것이기는 하나, 위험의 특
성이 다소 다른 인위적 재난에 대한 재난관리의 논의에도 많은 시사점
을 주고 있음은 분명하다. 따라서 본 연구에서 다루고 있는 자연재난
및 인위재난을 아우르는 입장에서도 무리 없이 적용할 수 있다고 하겠
다. 이제 재난관리체계를 구성하고 있는 이들 네 개 국면을 살펴보면
<그림 4>와 같다.

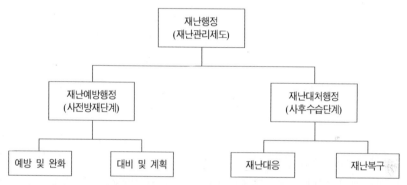

자료: 김영규(1997), 지방정부와 재난관리정책, 「지방연구」, pp.155–158. 재구성.

〈그림 4〉 재난관리 4단계 모형

1. 예측단계

재난의 예방과 완화(disaster prevention and mitigation phase)단계[40]는

---

40) 재난완화정책이 미국의 연방 재해재난정책에서 처음 나타난 것은 1966년
    홍수로 인한 장래의 손실을 완화시키기 위한 일환으로 범람지대 개발 축
    소에 대한 대통령 행정명령 11296호이었으며, 이후 1979년 FEMA 창설과

인간의 건강과 안전 그리고 사회복지를 위협하는 위험이 존재하는 곳
에서 무엇을 해야 하는지를 결정하고, 위험감소 계획을 집행하며, 자연
재난과 인위재난으로부터 인간의 생명과 재산에 대한 장기적인 위험의
정도를 감소시키려는 활동을 의미한다. 따라서 재난이 실제로 발생하기
전에 재난 촉진요인을 미리 제거하거나 재난요인이 가급적 표출되지
않도록 억제 또는 예방하는 활동을 의미한다.[41]

　재난완화정책은 세 가지 주요 목표를 추구하는 전략으로 이해할 수
있다.[42] 첫째는 둑이나 방파제 등의 구조물을 설치하여 위기를 억제하
거나 약화시키는 전략이다. 둘째는 건물의 높이를 규제하거나 홍수방지
시설의 설치를 통해 위해(危害)지역에 거주하는 주민과 시설을 보호하
려는 전략이다. 셋째는 토지 사용 및 인구 집중을 규제함으로써 위험
지역에 대한 이용을 제한하려는 전략이다. 이들 중 첫 번째 전략의 목
표는 위험의 성질을 변화시키려는 것이고, 두 번째는 손실 우려가 있
는 취약성을 감소시키려는 것이다. 그리고 세 번째는 위험에 대한 주
민들의 노출을 감소시키려는 것이다. 이러한 완화단계는 장기적이고 보
다 일반적인 재난 감소 문제를 다루는 활동이기 때문에, 주로 지역사
회가 장래 직면하게 될 재난을 극복할 수 있는 능력을 증진시키는 데
초점을 두고 있고 재난의 종류에 따라 목표가 변화한다는 특징이 있다.
예를 들어, 인위재난의 경우에 있어서 재난 완화는 재난에 대한 사전
조치를 함으로써 그 발생 기회를 감소시키거나 원인을 제거하는 데 목
표를 둔다. 반면에 재난의 경우에도 구조·구급과 인간 활동에 대해
조치를 취함으로써 재난 노출 지역에 대한 주기적 영향으로부터 재난
을 감소시키는 데 목표를 둔다.

함께 전시와 평시의 모든 재난에 대한 계획이 단일기관에서 이루어져 활
　용되었다.(Godschalk 1991, 132-134)
41) W. J. Petak(1985), Emergency Management: A Challenge for Public Admini-
　stration, *Public Administration Review* 45.
42) David Godschalk, R. & Dacid j. Brower(1985), Mirigation Strategies and Integrated
　Emergency Managemet, *Public Administration Review*, 45, pp.64-66.

안전 전문가들은 생태학적 위험이든 기술적 위험이든 위험요소는 객관적으로 측정가능하고 계산가능하며 확률적으로 예측가능하기 때문에 위험을 사전에 파악하여 기술적으로 관리하는 것이 가능하다고 본다.[43) 그에 따라 위험은 안전전문가들의 위험성 평가와 과학적, 확률적, 합리적 판단을 기반으로 한 기술적인 처리문제가 된다. 만일 국가가 이런 위험성 평가 작업을 기반으로 미래에 있을지도 모르는 가공의 재난을 합리적으로 판단하여 보다 완벽한 정책대안을 수립한다면, 재난은 사전에 예방가능하다는 것이다.

위험의 불확실성을 최소화하고자 하는 재난 완화정책에서 주로 사용되고 있는 도구나 기법에는 계획, 개발규제, 조세제도, 자금지출계획, 보험 그리고 재난 정보체계 구축 등이 있다. 이들 제 접근법들은 기술적·정치적 과정을 통해 활용하게 된다. 재난 완화정책의 집행을 통해 얻을 수 있는 편익으로는 인명의 구조와 부상의 감소, 재산상의 손실 예방이나 손실의 감소, 경제적 손실의 감소, 사회적 혼란과 스트레스의 최소화, 농작물 손실의 최소화, 중요 시설물의 유지, 사회 기반시설 보호, 정신적 건강 보호, 정부와 공무원의 법적 책임 감소, 정부활동을 위한 긍정적인 정치적 결과의 제공 등이 있다.[44)

완화단계는 대체로 장기적인 관점에서 사회가 직면하게 될 장래의 재난을 극복할 수 있는 능력을 증진시키는 데 중점을 두며, 재난의 종류에 따라 재난예방과 완화의 목표가 변화될 수 있다.[45) 즉 잠재적 위험성을 지닌 물질이나 방사능의 누출현상을 포함하는 인위적 재난의 경우에는 발생기회를 감소시키거나 원인을 제거하는 조치에 중점을 두는 반면, 지진이나 태풍과 같은 자연적 재난의 경우에는 대비나 구조

---

43) 이재은(1998), 위기관리정책에 관한 연구: 개념 영역, 정책결정을 중심으로, 「한국행정논집」, 10(1). p.28.

44) David R. Godschalk(1991), Disaster Mitigation and Hazard Management, in *Emergency Management: Principles and Practice for Local Government*, Washington: International City Management Association, p.131.

45) David R. Godschalk(1985), op.cit., pp.64−66.

활동 등을 통해 노출지역에서의 재난을 감소시키는 데 중점을 둔다. 완화단계에서는 재난의 분석과 재난관리능력의 평가를 강조한다. 재난의 분석이란 재난의 종류 및 피해를 입을 개연성이 있는 지역의 제반 사항을 연구하는 것을 의미하며, 재난발생에 대한 사전 지식을 획득하게 되며, 이를 통해 효과적인 예방시스템을 구축할 수 있는 것이다. 재난관리능력의 평가는 대체로 위기상황 관리에 요구되는 기능을 올바로 확보하고 있는가를 점검하는 것을 의미하는데 재난관리조직의 구성, 비상활동계획 수립, 지시와 통제라인의 구축, 의사소통 네트워크의 구축 등이 재난관리 능력 평가에 필요한 요소가 된다.[46]

Zimmerman은 유해화학물질의 유출 등으로 인한 기술적 재난과 관련하여 재난예방과 완화단계에서 잠재적 사고의 원천에 대한 규제와 계획이 검토된다고 하면서 계획을 장기적 계획과 상황의존계획으로 구분하였다.[47] 장기적 계획은 재난의 원천과 영역을 명확히 하고, 재난에 대처하는 표준운영절차(SOP)를 준비하며, 집행체계를 설계하는 등의 광범위한 프로그램과 진행과정을 포함하고 있고, 상황의존계획은 장기적 계획과 재난대비단계를 연결시켜 준다. 또한 물질의 유해 여부와 긴급 상황에 대한 기준설정을 직접 규제하는 활동과 주로 재정적인 활동, 즉 보험·세금·보조금·대부금 등을 통해 자율적으로 규제하도록 하는 자율규제(self-regulation) 등의 활동이 이 단계에서 이루어진다. 재난이 발생했을 때 기관의 책임을 구체화하는 활동도 재난예방과 완화단계에서 이루어지는 활동이다.

재난의 예방과 완화란 소극적인 재난관리가 아니라 재난발생 이전의 단계부터 심혈을 기울여 재난 자체의 발생을 저지하고 방지하는 '적극

---

46) W. J. Petak(1985), Emergency Management: A Challenge for Public Administration, *Public Administration Review* 45, p.56.

47) Rae Zimmerman, (1985). The Relationship of Emergency Management to Governmental Policies on Man-Made Technological Disasters, *Public Administration Review* 45, p.25.

적인 재난관리'를 의미한다. 사전적·예방 중심적인 대응이 잘 이루어 졌을 때, 재난의 피해가 반복되는 것을 막을 수 있다. 이러한 예방과 완화의 실현은 고도의 조직 간의 연계와 조정의 과정이 전제되어야 한다. 또한 재난·재난관련 홍보 및 교육의 강화, 일상적인 예방전담요원들의 활동의 강화를 동반해야 할 것이다. 재난의 예방과 완화정책은 복구정책을 통해 개발된 정책이나 사업계획들과 긴밀히 연계되어 기능적으로 개선될 수 있으며, 따라서 준비, 대응, 복구 정책과 직·간접적인 관련성을 지니고 있다.48)

2. 대비단계

재난대비단계(disaster preparedness phase)는 재난에 대비하여 필요한 비상계획을 수립하고 훈련을 통해 재난대응조직의 능력을 강화하는 단계이다. 따라서 재난의 목표설정으로서의 대비단계(준비 및 계획이라고도 함)의 의미가 있으며 비상시 효과적인 대응을 용이하게 하고 작전 능력을 향상시키기 위해 취해지는 사전준비 활동을 말한다.49) 대비단계는 구체적으로 다음과 같은 활동들로 나눌 수 있다.

첫째, 재난발생 시에 재난대응정책을 집행하는 과정에서 활용하게 될 중요 자원들을 미리 확보한다. 둘째, 재난발생지역 내외에 있는 다양한 재난대응기관들의 사전 동의를 확보한다. 셋째, 재난으로 인한 재산상의 손실을 줄이고 주민들의 생명을 보호할 재난대응 활동가들을 훈련시킨다. 넷째, 재난대응계획을 사전에 개발하고 재난을 관리하는

48) Claire B. Rubin and Daniel G. Barbee(1985), Disaster Recovery and Hazard Mitigation: Bridging the Intergovernmental Gap, *Public Administrarion Review* *45*, pp.61－62.
49) 류충(2005), 「방호실무」, 한성문화, p.433.

데 필요한 계획이나 경보체계 및 다른 수단들을 준비하는 일련의 활동이다.[50]

대비단계에서 특히 주의해야 할 영역으로는 재난이 발생하기 이전에 재난관리 분야 간의 조정과 협조를 이루는 것이 필요하다는 점이다. 예를 들면, 미국에 있어서 의료재난관리는 조직 간·지역 간 조정의 문제가 야기되는 분야로서 조정의 어려움이 있다. 조정이 가능하기 위해서는 사회적·경제적·정치적 장벽의 문제들을 미리 극복할 경우에만 비로소 조정과 협조의 문제가 해결될 수 있음을 주목해야 한다. 그리고 구체적으로 재난대비를 하는 경우에 자원의 신속한 배분이 가능해야 하는데 이를 위해서는 조정을 통한 재난 우선순위 체계를 설정하는 것이 필요하다.[51] 이와 더불어 효과적으로 대비단계의 정책을 집행하기 위해서는 먼저, 준비단계의 정책에 대한 지역주민들의 적극적인 지지와 참여를 유도하고, 사전에 재난계획을 수립하여 이에 대한 준비를 하는 것이 필요하다. 지역사회가 재난에 대해 적절하게 준비하지 못하는 이유는 준비의 필요성을 인식하지 못하기 때문이다. 따라서 재난의 대비나 계획에 대한 지역사회의 거부감을 극복하는 방안을 마련하는 것이 중요한 과제가 되고 있다.

Scanlon은 이를 위한 유일한 방법으로 효과적인 리더십을 지닌 시장이나 임명직 행정관과 같은 지역 인사가 재난계획이나 준비의 주도권을 지니는 것이 필요하다고 강조하는 한편, 다음과 같은 네 가지 방법을 제시하고 있다.[52] 첫째, 재난 상황에서 시정부가 재난계획을 시행할

---

50) 이재은(2000b), 위기관리정책 효과성 제고와 집행구조 접근법, 「한국정책학회보」, 9(1), p.56 - 57.

51) Kathleen J. Tierney(1985), Emergency Medical Preparedness and Response in Disasters: The Need for Intergovernmental Cordination, *Public Administrarion Reciew* 45, pp.77 - 84.

52) Joseph T. Scanlon(1991), Reaching Out: Getting the Community Involved in Preparedness, In *Emergency Management: Principles and Practice for Local Government*, Washington International City Management Association, pp.79 - 100.

수 있음을 확신시키는 것이 필요하다. 둘째, 정치적 리더십에 대한 지역사회의 지지를 획득하고, 셋째, 관련 시민과 기관의 네트워크 개발을 감독한다. 넷째, 주요 회의와 연습에 참여하는 한편, 효과적인 재난 준비 활동에 대한 보상 방법을 제시하는 것이 그것이다. 재난을 예방하고 경감하려는 노력에도 불구하고 재난은 발생하기 마련이다. 따라서 대비단계에서는 재난이 발생하는 것을 가급적 정확히 예상하여, 그 피해를 최소화하는 방향으로 원활한 대응이 가능할 수 있도록 유도하는 활동을 수행한다.

대비단계의 비상계획에는 재난의 피해를 최소화하기 위한 조기경보 체계와 긴급통신망 구축, 비상연락망과 통신망 정비 및 효과적인 비상 대응 활동의 확립이 포함된다.[53] 또한 재난발생 시 투입될 자원과 관련하여 신속하게 배분될 수 있도록 자원배분의 우선순위가 이 단계에서 설정되어야 하며, 재난발생 시 정상적으로 사용할 수 있는 자원 외에 예측지 못한 재난에 대해서도 자원이 투입될 수 있는 특별자원 확보방안도 마련되어야 한다.[54] 재난발생 시 대응단계에서 일어날 수 있는 조직 간·지역 간의 갈등을 조정하는 문제와 일반국민에 대한 홍보와 훈련 등도 이 단계에서 주의 깊게 다루어져야 한다. 특히 응급의료 체계에 있어 병원들과 재난관리기관들과의 긴밀한 협조는 재난의 인명 피해를 줄이는 데 있어 중요한 문제이다.[55] 또한 재난과 관련한 정보의 수집과 분석이 체계적이고 포괄적이며 지속적으로 이루어질 수 있도록 하여야 하며, 이를 토대로 재난의 정도를 판단하고 전개될 재난에 대한 예측과 대비가 이루어질 수 있도록 하여야 한다.

---

53) Bruce B. Clary(1985), The Evolution and Structure of Natural Hazard Policies, *Public Administration Review* 45, p.20.
54) Zimmerman(1985), The Relationship of Emergency Management to Governmental Policies on Man-Made Technological Disasters. P.A.R 45, pp.35-36.
55) Kathleen J. Tierney(1985), Emergency Medical Preparedness and Response in Disasters: The Need for Intergovernmental Cordination. *Public Administrarion Review* 45, pp.77-78.

3. 대응단계

재난목표실행으로서의 대응단계란 재난발생 직전과 직후 또는 재난이 진행되고 있는 동안에 취해지는 인명구조, 재산손실의 경감, 긴급복구 활동을 총칭하는 개념이다.[56] 대응단계는 실제로 재난이 발생한 경우 재난관리정책기관들이 수행하여야 할 각종 임무 및 기능을 적용하는 활동과정으로 파악할 수 있다. 대응단계의 정책은 완화단계의 정책, 준비단계의 정책과 상호 연계함으로써 제2의 손실이 발생할 가능성을 감소시키고 복구단계의 정책에서 발생할 수 있는 문제들을 최소화시키는 재난관리의 실제 활동을 의미하는 매우 중요한 국면이다.[57]

대응단계의 정책을 효과적으로 집행하기 위해서는 우선, 대응단계 정책의 효율적인 의사결정 구조의 문제와 조직 구성원들의 역할 문제를 살펴보아야 한다.[58] 즉 재난에 대해 보다 효율적으로 대응하기 위해서는 집권화되고 공식적인 의사결정 구조보다는 유연한 의사결정 구조를 유지하는 것이 효과적이다. 그리고 이와 함께 조직구성원들의 대응단계의 정책에 있어서의 구체적인 역할을 사전에 부여해놓는 것이 필요하다. 특히, 재난관리 업무를 일상 업무로 수행하거나 관련이 있는 조직보다는 관련이 없는 조직의 경우에 재난에 대비하여 조직 구성원 각자의 업무 정의를 하는 것이 더욱 필요하다. 효과적인 재난대응을 위해서는 조직적 측면, 재난에 대한 행태적 대응, 대응의 일반기능 그리고 재난관리자의 역할 변화라는 관점에서 살펴보는 것이 필요하다.[59]

---

56) 류충(2005), op.cit., p.433.
57) Thomas E. Drabek(1985), Managing the Emergency Response, *Public Adminstration Review* 45: p.85 ; W. J. Petak(1985), Emergency Management: A Challenge for Public Administration, *Public Administration Review* 45, p.3.
58) Dennis S. Mileti and John. H. Sorensen(1987), Determinats of Organizational Effectiveness in Responding to low Probability Catastrophic Events, *The Columbia Journal of World Business*, p.13－21.

먼저 대응단계의 정책을 위한 조직 측면에서는 재난관리기관 간의 활동을 조정하기 위한 의사결정의 중심 장소로서의 재난 운영센터를 활용하는 것이 필요하다. 둘째, 재난에 대한 행태적 대응에 있어서는 재난 희생자와 재난관리 인력들이 일상적인 재난대응 유형에 익숙해지는 것이 필요하다. 이를 통해서 재난대응 시간을 줄이고 신속하게 상황관리에 초점을 둘 수 있기 때문이다. 셋째, 재난대응 국면에서는 여섯 가지 일반 기능이 필수적으로 요구되고 있다. 즉 경보, 소개(evacuation), 대피, 응급의료, 희생자 탐색·구조, 재산 보호 기능이야말로 대응단계에서 필수적인 기능이다. 마지막으로, 재난관리자의 역할과 관련하여 오늘날 발생하고 있는 많은 재난유형들은 지역주민들의 생명과 재산에 대해 심각한 영향을 미칠 수 있는 것이기 때문에, 이를 관리하고 대응하기 위해서는 지방정부가 감당할 수 있는 많은 자원이 필요하다. 그러므로 재난대응에 필요한 자원을 확보하고 주민들의 지지를 획득하는 과정에서는 다른 누구보다도 재난관리자를 정치적 최일선에 위치시켜 놓기 때문에, 효과적인 재난관리자는 자원의 확보와 주민지지 유도를 위한 정치적 능력을 소유해야 하는 것과 함께 정부 정책 결정과정에 대한 통찰력을 지니는 것이 필요하다. 그리고 현대에 와서 자연재난과 인위재난의 유형이 보다 많아지고 상이해짐에 따라 재난관리자는 전문적인 기술적 지식을 지니는 것이 필요하다. 즉 재난관리자는 더 이상 민방위와 자연의 위해성에 대한 일반적 지식만으로는 재난대응 기능을 효율적으로 수행할 수가 없으며, 재난관리체계 운영에 관한 포괄적 지식이 결여되어 있다면 전문가들의 노력은 무의미한 결과를 가져올 것이기 때문이다. 그리고 재난관리자는 일반 시민들의 방재 행정에 대한 신뢰를 회복하고 유지시킬 수 있는 능력을 지니는 것이 필요하다.[60]

---

59) Ronald W. Perry(1991), Managing Disaster Response Operations, In *Emergency Management: Principles and Practice for Local Government*, Washington: International City Management Association, pp.201-223.

60) 이재은(2000b), op.cit., p.80.

재난의 유형별에 따라, 즉 자연재난이냐 인위재난이냐에 따라 위험
이나 위협은 질적인 차이점을 지니고 있다. 따라서 각 재난유형별로
위기대응을 달리해야 할 뿐만 아니라 관리 방법상에서도 차이를 두어
야 한다.[61] 이와 동시에 최고 정책 집행자나 재난관리 담당자는 재난
발생 시에 각 재난의 동일성과 상이성을 파악하고 그에 따른 적절한
대응방안을 수립해야 한다. Perry[62]는 지방정부가 대처해야 하는 재난
을 일상적으로 발생하는 화재나 자동차 사고와 같은 위급상황과 우리
가 재난이라고 부르는 위기로 개념적 구분을 시도하면서, 전자는 예측
가능하고 규칙성을 지니는 일상위기이기 때문에 지역사회에서는 그 영
향을 느끼지 못한다고 하는 반면, 후자는 사회체계의 붕괴를 가져오는
비일상적 사건으로 정의하고 있다. 이와 함께 재난관리정책의 대응국면
에 대한 주민의 인식 정도도 중요한 요소이다.[63] 즉 재난대응과정에서
주민이 속해 있는 해당 지역사회의 재난대응계획이 진행 중에 있으며,
그 활동에 대하여 특정 공무원이 책임을 지고 있다는 것을 주민들이
알 수 있어야만 한다. 이것은 재난관리정책 집행자가 자신의 책무를 효
과적으로 수행하고자 하는 경우에 필요한 것으로서, 우선 위기상황에서
재난관리조직에 대한 주민의 신뢰성이 확보되어 있어야만 하며, 이러한
신뢰성은 재난발생 이전부터 재난관리자들이 해당 지역의 재난에 대해
전문성에 입각하여 접근하고 특별한 장비 활용에 대한 훈련을 통하여
주민들에게 인식될 수 있는 것이다. 대응단계는 비상계획 및 비상체계
의 가동, 주민 비상행동 요령지시, 비상 의료지원, 피해주민 수용과 보

---

61) Roger E. Kasperson and K. David Pijawka(1985), Societal Response to Hazards and Major Hazard Events: Comparing Natural and Technological Hazards, *Public Adminstration Review 45*, pp.7-18.

62) Ronald W. Perry(1991), Managing Disaster Response Operations, In *Emergency Management: Principles and Practice for Local Government*, Washington: International City Management Association. pp.201-223.

63) Ronald W. Perry Joanne M. Nigg(1985), Emergency Management Strategies for Communicating Hazard Information. *Public Administration Review*, 45(Special Issue, Jan.): pp.72-77.

호, 긴급대피소 설치 및 운영, 인명 수색과 구호활동 등 인명을 구하고 재산피해를 최소화하기 위하여 취해지는 활동을 포괄한다. 주로 재난 직전과 재난 중 및 그 직후에 취해지는 응급활동 등이 대응단계에 들어간다고 볼 수 있다.

이러한 대응이 보다 효율적으로 이루어지기 위해서는 통합적 비상관리체계가 구축되어야 한다. 따라서 재난이 발생하였을 경우 효과적인 대응 활동이 이루어지기 위해서는 예방 활동과 준비 활동이 충실히 이루어져야 한다는 전제 조건이 필요하다.[64]

Schneider는 위기관리조직에 있어서 관료적 규범과 위기 규범의 적절한 결합을 강조한다. 탁상공론식이나 폐쇄되고 꽉 짜인 조직체계에 제약되어 실제 현장에서 기동성과 자율성을 살리지 못하면 안 된다. 그렇다고 일사불란한 위계질서가 없이 극대화된 자율성에 매몰되어서도 대응이 효과적이지 못할 수 있다.[65]

재난 현장에서는 부처별 이기주의를 막고 현장의 통제관을 중심으로 한 총체적인 활동이 이루어져야 한다. 현장을 중심으로 한 부처별 협조체계의 원활한 구축이야말로 재난구조 활동에 있어서 가장 역점을 두어야 할 철학이다. 우선 단기적으로 효율적인 재난수습체계의 구축이 시급하며, 재난수습에는 1차적인 목표가 인명구조이고, 2차적 목표가 재난의 확산방지이다. 따라서 훈련된 인력과 장비 등을 갖추고 활동하는 재난수습조직이 현장에서 실제적으로 가장 중요한 역할을 담당하게 된다. 또 기존에 기구 중심적 탁상공론식 관리에 머물던 체계를 적극적으로 지양하며, 기능 중심적·활동 중심적인 능동적 관리체계를 구축해야 한다. 단순서류상의 계획이 아니라 과정 중심적인 사고가 필요하다. 재난예방에 대한 계획이 서류상으로 완결되었다고 재난관리가 완결된 것이 아니며, 새로운 조건과 상황의 변화에 따라서 계속 수정되고

---

64) 김태윤(2000), 「국가 재해재난 관리체계 구축방안」, 한국행정연구원, p.34.
65) Saundra K. Schneider(1995), *Flirting with Disaster: Public Management in Crisis Situations.* N.Y: M. E. Sharpe.

보완되어야 한다. 재난계획은 단순히 어떤 산물이 아니라 과정이라는 점에 유의해야 한다.[66)]

국가재해재난관리체계는 무엇보다도 신속한 대응을 실현해야 한다. 그러기 위해서는 재난발생에서 관리 인력의 파견까지의 절차가 간소해야 한다. 일단 파견된 후에는 정예의 전문요원들의 능수능란한 현장장악력이 필요하다. 이는 전문성과 조직성을 기반으로 가능할 것이다. 현장의 위기상황을 어느 정도 수습한 후 복구에 있어서도 마찬가지로 신속하게 조직적인 활동이 절실하다. 대응단계의 업무를 요약하면 <표 4>와 같다.

〈표 4〉 재난대응 단계의 업무

업무명	업무개요
예보 · 경보	-태풍, 호우, 오존, 방사능 등의 경보, 특보 발령 -비상연락체계의 가동 및 대피 명령의 통보
신고 접수 및 전파	-재난발생 정보의 입수 및 신고접수 -상황실 및 안전 관련 조직에 전파
상황 파악	-재난의 유형 및 성격 파악 -현장정보의 입수 체계 구축, 상세정보 수집 및 파악 -지휘 통제 활용, 관련 기관 제공 -인명 및 재산 등 피해 상황의 수시 집계 -대응체계 구축 및 운영 -지휘본부 및 현장지휘소 설치 및 가동 -유관기관 협조체계 가동
대응조직의 상황 처리	-조직 간 업무 조정 및 의사결정을 통한 총괄적인 지휘 통제 -필요자원 및 인력의 파악과 동원 -구조대, 각 지원 실무반 등 대응조직의 대응 활동
현장 수습 및 관리	-응급 복구 활동 -사망 및 부상자 처리, 교통통제 등 주변 환경 정비 -주변 위험 시설물에 대한 점검 등 2차 재난예방 활동 -이재민 현황 파악 -대피, 수용시설의 확보 및 긴급 구호

자료: (행정자치부, 1999: 국가 안전 관리 시행계획)을 재구성한 것임.

---

66) 김영규(1995), 효율적인 재해구조계획 수립요건에 관한 연구: 삼풍백화점을 중심으로, 「지방행정연구」, 10(3).

4. 복구단계

복구단계는 재난이 발생한 직후부터 피해지역이 재난발생 이전의 원상태로 회복될 때까지 지원을 제공하는 지속적인 활동이다. 복구단계에는 재난으로 인한 혼란상태가 상당히 안정되고 응급적인 인명구조 활동과 재산보호 활동이 이루어진 후에 재난 이전의 정상 상태로 회복하려는 다양한 활동들이 포함된다. 이는 크게 단기적 응급복구와 장기적 원상복구로 나눌 수 있다. 임시통신망 구축, 임시주택 건설, 쓰레기 처리, 전염병 통제를 위한 방제 활동 등은 단기적 응급복구에 해당되고, 도로와 건물의 재건축 등 도시 전체를 재건립하는 활동 등은 장기적 원상복구에 해당된다.[67] 단기적으로는 이재민들이 최소한의 생활을 영위해 나갈 수 있도록 하는 데 중점을 두고, 임시통신망 구축, 임시주택 건설, 쓰레기 처리, 전염병 통제를 위한 방제 활동 등에 주력하여야 한다. 이때 복구절차를 최대한 '간소화'할 필요가 있다. 자연재난의 경우 해마다 집중적으로 발생하는 기간이 있으므로 그 시기가 돌아오기 전에 복구가 완료되지 않으면 다시 악순환적인 재난이 발생할 여지가 있다. 장기적으로는 재개발계획과 도시계획 등의 과정을 거쳐 원상을 회복시켜야 한다. 이러한 계획들은 장래에 닥쳐올 재해의 영향을 줄이거나 재발을 방지할 수 있는 좋은 기회가 되며, 위기관리의 첫 단계인 재해예방과 완화단계에 순환적으로 연결된다는 점을 강조할 수 있다.[68]

복구에 들어가는 인적·물적 자원의 투입에 필요한 행정절차가 지나치게 복잡하여 발생하는 문제를 소홀히 할 수 없을 것이다. 특히 국가 재난의 적극적 예방, 현장 중심의 기능지향, 신속하고 간소화된 조직화 등을 실질적으로 구현하기 위해서는 체계 전반에 걸친 효율성의 확보,

---

67) 김태윤(2000), 「국가 재해재난 관리체계 구축방안」, 한국행정연구원, p.35.
68) McLouglin(1985), A Framework for Integrated Emergency Management, P.A.R 45, pp.169-170.

체계의 정보화가 긴요하다. 재난과 관련된 다양하고 수많은 차원과 정보원으로부터의 자료를 통하여 예측·경보할 수 있는 능력과 재난의 배양기 동안 취약지점과 상황을 도출해낼 수 있어야 한다. 재난의 진행기 동안에는 그 진행의 방향과 규모를 예측할 수 있어야 하는데 재난관리체계의 합리적 형성과 운용이 필요한 것이다. 예를 들면, 재난에 대응하기 위해서는 재해의 신고·확인, 관련기관의 지휘·통제, 구조인원 및 장비의 파악, 재해본부·현장지휘부, 작업반·의료본부, 이송차량 간의 통신의 확보, 응급의료체계의 구축, 화학물질 취급단체, 전력, 도시가스, 상수도공급소 등 특수단체에 대한 정보 확보 등이 긴요하다. 이러한 정보수요에 효과적으로 대응하기 위해서 국가재해재난관리체계는 거대한 데이터베이스를 구축하고 있어야 함은 물론, 이러한 데이터베이스를 효과적으로 활용할 수 있는 전문화된 정보처리역량을 갖추어야 한다. 이러한 정보역량이 통합적, 유기적, 협업적 국가재난관리체계의 구축을 실질적으로 가능케 하는 소프트웨어가 된다. 만약 이러한 정보역량이 결여되어 있다면 효과적인 재난관리체계의 수립은 사실상 불가능하다고 할 것이다.

복구단계의 활동은 피해지역이 원상복구를 하는 데 필요한 원조 및 지원 활동으로서 전형적인 배분정책의 영역에 속하는 활동으로 볼 수 있다.[69] 이 같은 복구단계 정책에 속하는 구체적인 활동에는 생존지원체계인 전력망 수리, 임시 가옥, 식량, 의복 제공 등이 포함된다.[70] 그리고 복구단계에서 활동하는 주체로서 미국의 경우 지방 정부, 주정부, 연방정부 그리고 민간부문의 조직을 예시할 수 있다. 이들은 각각 개별적으로 활동을 하기보다는 서로가 혼합되고 함께 공동으로 기능을 협조할 때 효율적으로 복구 활동을 수행할 수 있으며, 공공부문뿐만 아니라 민

---

69) W. J. Petak(1985), Emergency Management: A Challenge for Public Administration, *Public Administration Review* 45, p.3.

70) William L. Jr. Waugh(1994), Regionalizing Emergency Management: Counties as State and Local Government, *Public Administration Review* 54, p.254.

간부문의 적극적인 참여가 있을 때 효과적인 복구가 가능하다.[71]

복구단계의 정책과 관련하여 Settle[72]은 어떤 재난이든지 간에 재난 발생은 예기치 못했던 경제적·재정적 위기를 야기한다는 점을 환기시켜 주고 있다. FEMA의 통계에 의하면 1974년 4월 1일부터 1983년 9월 30일까지 주정부 지사들에 의해 요청된 긴급재난구조 자금 요청 중에서 단지 59%만이 연방정부에 의해 승인되었고, 41%의 승인받지 못한 지역은 심각한 재정적 위기에 봉착하게 되었다고 지적하고 있다. 즉 재난이 발생함과 동시에 물가가 급격히 상승하였으며, 부동산의 자산 가치는 하락하였고, 세수입은 감소한 반면, 이에 대한 연방정부의 어떠한 재정 위기 계획도 마련되어 있지 않았었기 때문이다. May는 복구단계의 집행과정에서 미국 연방정부의 재난구조정책의 문제점을 경제적 문제, 조직상의 문제, 정부 간 및 또는 전달문제의 세 가지 차원에서 지적하고 있다.[73] 이들에 대해 살펴보면 먼저, 경제적인 문제점으로는 재난구조의 경비의 증가, 손실액과 지원액 사이의 격차, 재난별 구조지급액의 불균형을 지적하고 있다. 둘째, 조직상으로의 문제로는 자금지원의 우선순위와 예상 사이의 혼돈을 가져오는 연방정부의 조직의 불안전성을 지적하고 있으며, 셋째, 정부 간 및 전달 문제로는 구조지급액에 대한 주정부와 연방정부 간의 갈등 문제와 주정부 지원 능력의 한계를 제시하고 있다. 그는 이 같은 문제에 대한 세 가지의 대안적 접근법을 제시하고 있다. 대안적 접근법의 기본 틀은 첫째, 연방정부로 하여금 복구지원을 하는 데 있어서 보다 직접적인 역할을 하도록 해야 한다는 점이다. 둘째, 연방정부로 하여금 총액 보조금을 통한 재

---

71) Ronald W. Perry(1991), Managing Disaster Response Operations, In *Emergency Management: Principles and Practice for Local Government*, Washington: International City Management Association, pp.8-14.
72) Allen K. Settle(1985), Financing Disaster Mitigation, Preparedness, Resporise, and Recovery, *Public Administration Review* 45, pp.101-106.
73) Peter J. May(1985), FEMA's Role in Emergency Management: Examining Recent Experience, *Public Administration Review* 45, pp.40-48.

난구조 재정지원 역할을 하게 하는 동시에, 재난구조 활동은 주정부나 지방정부에 이관하도록 해야 한다. 셋째, 연방정부는 민간 기업에 의해 제공되는 총괄재난보험에 대해 보조금을 지급해야 한다는 것이다.[74]

복구단계는 모든 재난관리과정과 순환적이고 상호작용적이며, 복잡한 특징 안에서 진행됨을 감안할 때 효과적인 국가재난관리체계가 설계되어야 하며, 이를 위해서는 조직이 통합적·유기적·협동적 구조를 동시에 갖추어야 함을 이해할 수 있을 것이다. 재난의 진행과 국가재난관리체계의 단계별 활동을 도표로 나타내면 다음 <표 5>와 같다.

〈표 5〉 재난의 진행과 국가재난관리체계의 단계별 활동

재난의 진행	↔	활동 단계	활동 내용
배 양	↔	예 방	위험성분석 및 위험지도 작성, 건축법 정비·제정, 재난보험, 토지이용관리, 안전 관련법 제정, 조세유도
발 발	↔	대 비	비상작전계획, 비상경보체계 구축, 통합대응체계 구축, 비상통신망 구축, 대응자원분배, 교육훈련 및 연습
진 행	↔	대 응	비상계획 가동, 재난진압, 구조구난, 위급상황에 대한 주민 홍보 및 교육, 긴급의료지원, 사고대책본부가동, 환자수용, 간호, 보호, 수색, 구조 및 후송
소 멸	↔	복 구	잔 해물제거, 전염성예방, 이재민 지원, 임시주거지 마련, 시설복구

자료: 김태윤(2000), 국가 재해재난 관리체계 구축 방안연구, 한국행정연구원, p.35.

단계별 재난 활동 내용은 <표 6>과 같다.

〈표 6〉 단계별 재난 활동 내용

단계	단계별 재난개념	일반적 내용
예 방	재난예방이란 인간의 생명과 재산에 미치는 자연적 또는 인위적 위험성 정도를 줄이거나 제거하기 위해 장기적 관점에서 취해지는 모든 활동들을 말한다. 예방(완화 또는 경감을 포함)단계는 당해 사회가 과거에 비상상황이 발생했는지 여부를 떠나 어떤 위험성에 노출되어 있다는 것을 전제로 한다.	• 건축법규, 재난재해보험, 소송(기소) • 토지사용관리 • 감시감독 / 조사 • 공공 예방안전교육, 과학적 연구 • 위험지도 제작 • 안전법규, 기타 관련법령 및 조례 • 세금경감 및 세금인상정책
대 비	재난대비(준비 및 계획이라고도 함)란 비상시 효과적인 대응을 용이하게 하고 작전능력을 향상시키기 위해 취해지는 사전준비 활동을 말한다.	• 비상방송시스템 구축 • 대응 활동을 위한 비상통신시스템 구축 및 관리 • 대응조직(기구)관리 • 긴급대응계획의 수립 및 연습 • 재난방송 및 공공정보자료 (방송 및 주민보호방송 시나리오) • 대응시스템의 가동연습 • 재난위험성 분석 • 지역 간 상호원조협정체결 • 자원동원관리체계 구축 • 대응요원들의 교육훈련 • 경보시스템 구축
대 응	대응 활동이란 재난발생 직전과 직후 또는 재난이 진행되고 있는 동안에 취해지는 인명구조, 재산손실의 경감, 긴급복구 활동을 총칭하는 개념이다.	• 비상방송시스템의 가동 • 시민들에 대한 비상대비 및 방어활동을 유발하도록 하는 긴급지시 • 응급의료지원 활동 전개 • 긴급대응계획의 가동(활성화) • 대책본부 및 긴급구조통제단의 가동 • 공식적으로 승인된 대주민비상경고 • 피해주민 수용 및 구호 • 긴급대피(evacuation)및 은신(shelter) • 탐색 및 구조 • 대응자원동원 • 경보시스템의 가동
복 구	복구 활동은 일반적으로 단기복구와 중장기 복구 활동으로 구분하여 관리하는데, 단기복구는 최소한의 필수불가결한 생활지원 활동을 말하며, 중장기 복구는 정상적인 생활 상태로의 복귀 및 보다 향상된 상태로의 복귀를 위해 취해지는 활동을 말한다.	• 피해주민 및 대응 활동요원들에 대한 재난심리상담 (외상 후 스트레스 관리) • 피해평가 • 잔 해물 제거 • 보험금 지급 • 대부 및 보조금 지원 • 재난으로 인한 실직자 지원 • 유익한 재난관련 공공정보 제공 • 대응계획 평가 • 대응계획 수정 및 수정내용 배포 • 임시 거주지(주택) 마련

자료: www.nema.go.kr/index.html

3장

외국의 재난관리체계

　본 장에서는 각 국가의 재난관리체계 중에서 미국과 일본의 재난관리체계를 살펴본다. 미국은 자연재난 그리고 인위재난에 대해 가장 모범적인 시스템을 갖춘 국가이며, 2001년 9·11테러 이후에는 안보위협에 대비한 제도화를 마련했다. 자연재난, 인위재난 그리고 안보와 관련한 위험에 대비하는 미국의 재난인식과 그 제도화의 분석은 본 연구에 있어서 중요한 뜻을 갖는다고 할 수 있다. 또한 자연재난이 빈번하게 일어나는 일본은 이에 대비한 방재조직을 잘 정비하고 있으며, 전통적 안보위기에 대한 대응시스템을 강화시키고 있다.

제1절 미국의 재난관리체계

1. 재난관리체계의 설계

미국의 재난관리체계는 국가 안보위기관리체계, 재난관리체계, 국내적인 안보위기관리체계라는 3원 체계로 나누어져 있다. 국외의 전통적인 안보위협은 국가안전보장회의(National Security Council, 이하 NSC라 한다)에서 담당하고 있고, 테러·마약 등의 국내적인 안보위협은 국토안보부(Department of Homeland Security, 이하 DHS라 한다)에서 담당하고 있다. 그리고 국내의 자연 및 인위재난은 연방재난관리청(FEMA)에서 담당하고 있다. 본 연구가 자연재난, 인위재난을 중심으로 한 관리체계를 주제로 하고 있지만 모든 제도가 국가마다의 역사와 특수성에 기인하여 제도화되고 발달되어 왔음을 상기할 때 재난관리체계를 정당하게 이해하기 위해 3원화되어 있는 제도에 대해 고찰하는 것이 필요하다.

1) 국가안전보장회의(NSC): 국외 안보위기관리체계

미국은 제2차세계대전 수행기간 동안 안보, 군사적 문제를 국가적 차원에서 종합적으로 조정·통제할 수 있는 체계와 제도발전의 필요성을 인식하여, 1947년 국가안보법에 의거 국가안전보장회의를 설치하였다. 미국은 NSC를 통하여 위기관리를 위한 전략개념을 설정하고 관련 정책을 토의, 결정하고 그 실행을 지도하고 있다.[75] 매년 발간되는 국가안보전략문서를 작성하며, 정부 부처·기관들 간에 공통적으로 걸려

있거나 입장이 상충되는 안보 현안들도 이 기구를 통해 조정·협조되고 있다. NSC의 조직도는 <그림 5>와 같다.

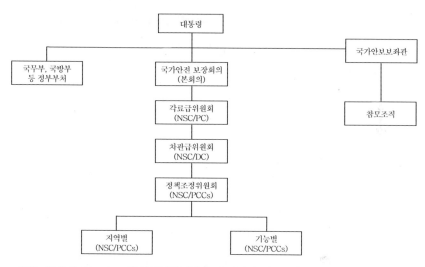

자료: 정춘일 외(1988), 국가위기관리체계 정비방안 연구. 서울: KIDA, p.53

〈그림 5〉 미국의 국가안전보장회의(NSC)조직도

미국의 NSC는 위기관리와 전쟁지도의 핵심체계로서 국가안보와 관련 있는 국내정책, 외교정책 및 군사정책을 통합적으로 대통령에게 자문함으로써 각 군과 정부부처 그리고 유관기관이 보다 효과적으로 협력할 수 있도록 조정하는 임무를 수행하고 있다.

미국의 국가안전보장회의체계는 다음과 같은 특징을 지니고 있다. 첫째, 미국은 국가안전보장회의 내에 안보정책을 조정·통제·통합하고 정책방향과 지침을 부여하는 중앙 조정·통제체계를 발전시켜 안보정책의 일관성을 유지하고 정책 집행의 효율성을 도모하고 있다. 둘째, 미국 국가안전보장회의는 단순한 위원회나 회의체로서만 운영되지 않

---

75) 김열수(2005), 「21세기 국가 위기관리체계론」, 서울: 도서출판 오름, p.93.

고 전문적인 참모조직을 설치하여 안보정책 및 전략을 개발·발전시키고 있다. 셋째, 미국 국가안전보장회의는 필수적인 각료들만 참석하기 때문에 신속하고 효과적인 정책결정이 가능하다. 넷째, 미국국가안전보장회의가 지속적으로 운영됨으로써 국가안보에 관한 전문성과 일관성이 제고되고 기구의 안정성이 유지되고 있다.

2) 국토안보부(DHS): 국내 안보위기관리체계

DHS는 테러·마약·불법이민·자연 및 인위재난 등 각종 위협으로부터 미 국토를 방호하고 국가기반체계 보호 등의 광범위한 임무를 수행하고 있다. 미국은 2001년 9월 11일 미국의 심장부라고 할 수 있는 뉴욕시의 무역센터가 비행기의 테러로 붕괴됨으로 본토에서 전혀 경험해보지 못한 새로운 위기를 경험하였다. 이에 미국은 국내에서 자연 및 인위재난에 의한 위기뿐만 아니라 테러에 의한 대량 인명손실과 재산피해, 국가기간체계 파괴라는 위기상황에 대처해야 하는 새로운 문제를 맞았다. 이에 미국은 DHS을 신설하였고 DHS는 미 본토의 국가기반체계 방호를 위해 자연 및 인위재난에 대한 예방 및 대응 임무뿐 아니라 테러와 마약·이민 업무 등을 담당하게 되었다. DHS의 조직은 <그림 6>과 같다.

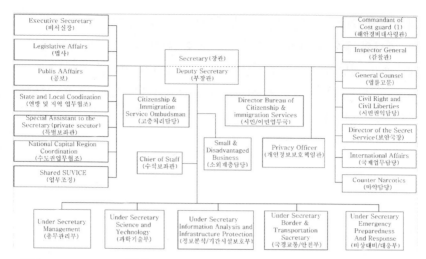

자료: www.dhs.gov (검색일: 2006. 5. 6.)

〈그림 6〉 미국의 국토안보부(DHS)조직도

3) 연방재난관리청(FEMA): 국내재난관리체계

1979년 카터 대통령은 연방정부의 27개 성·청에 분산되어 있던 재
난관리 기능을 한데 모아 재난관리를 통괄·조정하는 기구로 FEMA를
창설하였다.[76] FEMA의 설립으로 일부 학자들과 재난 관련 기관들에

---

76) 1979년 카터 대통령이 포괄적 재해재난관리(CEM: Comprehensive Emergency
Management) 개념을 도입해 분산된 권한과 인원을 한데 모아서 연방위기
관리청을 창설했다. FEMA의 설립취지를 정리하면 다음과 같다. 첫째, 대형
재난을 예상하고 그 준비와 대응을 책임질 대통령 직속의 기구가 필요하다.
둘째, 재해재난관리의 효율적인 운영을 위해서는 모든 가동가능한 자원의 이
용이 효율적으로 이루어져야 하며, 핵공격에 대비한 정보전달·경계정보·대
피 그리고 교육체계가 이루어져야 하고, 이에 대한 훈련 및 사고와 재해재
난에 대한 이 체계의 적용도 이루어져야 한다. 셋째, 재해재난관리는 기본연
방정부의 기능연장선상에서 이루어져야 한다. 넷째, 연방재해경감의 노력
은 재해대비와 대응기능과 연계되어야 한다. 채경석 2004, 「위기관리정책
론」, 서울: 대왕사, pp.210－213.

의해 종종 제기되었던 포괄적 재난관리 개념이 본격적으로 대두되었으며, 재난의 종류에 따라 지엽적이고 소극적이던 재난관리방식이 포괄적 재난관리 개념의 도입으로 전체적이고 적극적인 재난관리방식으로 바뀌면서 재난관리의 새로운 이정표가 마련되었다.[77] 2001년 9·11테러 발생 직후 미 연방정부는 국토안보부를 창설하였고 FEMA는 국토안보부의 한 부서로 편입되었다.

① 연방정부 재난관리기구

재난관리에 있어서 연방정부의 주요한 임무는 미국 국민의 생명과 재산의 손실을 줄이기 위하여 지도력을 발휘하고 주정부와 지방정부의 재난관리 활동을 지원하는 것이다. 연방정부는 주정부 및 지방정부의 위기관리부서 그리고 비영리단체 및 민간부문의 집단과 함께 '팀'을 구성하여 재난에 대비하고 대응한다. 그중 FEMA는 연방정부의 내부에서 독립기관으로서 재난관리의 주도기관으로 연방정부의 27개 기관 및 부처, 미국적십자사 등이 협력하는 연방정부의 대응 활동을 조정하는 역할을 담당하고 있다. FEMA의 편성은 <그림 7>과 같다.[78]

---

77) 임송태(1966년 2월호), 재난종합관리체계에 관한 연구. 한국지방행정연구원, 「연구보고서」, 95(19), p.137.
78) 심재강(2003), 종합방재현황관리와 방재정보시스템에 관한 연구: 서울종합방재센터를 중심으로, 서울시립대학교대학원 석사학위논문, p.81의 내용을 재구성.

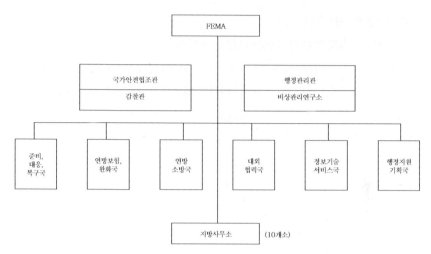

자료: 심재강(2003), 종합방재현황관리와 방재정보시스템에 관한 연구: 서울종합방재
센터를 중심으로, 서울시립대학교 대학원 석사학위논문, p.81.의 내용을 재구성.

〈그림 7〉 FEMA 편성

FEMA의 업무는 재난의 예방 및 완화, 대응, 복구 등 전 단계에서
지방행정기관지원, 국가의 위기발생 시 자원동원, 핵의 공격에 대비한
민방위활동의 통합조정 등이다. 때문에 이 기관은 Washington에 본부
를 두고, 전국 10개의 지역센터, Emmitsburg에 있는 훈련센터 등에서
2,600여 명이 넘는 전임직원이 일하고 있으며, 또한 4,000여 명에 달하
는 상임재난보조직원, 즉 예비인력이 임명되어 재난발생 전후 2~6주
간 일할 수 있는 준비를 갖추고 있다.

FEMA의 10개 지역사무소는 주정부와 지방정부를 지원하는 데 있어서
중요한 연결점으로 각 지역사무소의 소장이 해당 지역의 주정부 및 지방
자치정부, 다른 연방정부기관, 공공기관, 민간기관 및 개개인에 대하여
FEMA를 대표하며, 재난발생 시에 직접 주정부를 지원한다. 이를 위해
FEMA는 워싱턴의 본부 및 전국 10개 지역센터에 위기정보 및 조정센터
를 운영하고 있으며, 본부와 10개 지역의 정보센터, 백악관 등을 연결하
는 종합재난정보시스템인 국가위기관리시스템을 구축하여 운영하고 있다.

② 주정부 재난관리기구

주정부는 지방정부의 대응범위를 넘어선 대규모재난의 관리에서 주도적인 역할을 담당하는데 대형재난으로서 연방정부의 지원을 받는 경우에도 마찬가지이다. 각 주에서 위기관리기구의 기능은 유사하지만 그 지위는 다양하다. 예를 들어, 캘리포니아 주에는 주지사 직속의 위기관리실, 오클라호마 주에는 민간위기관리부, 오리건 주에는 주요 경찰부의 산하에 위기관리실이 설치되어 있다.

주정부의 재난관리기구는 평소에 그 관할구역 내에서 재난관리의 필요를 측정하고, 자신과 연방정부가 보유하고 있는 자원을 사정하다가, 재난발생시에는 이러한 자원을 획득하고 활용할 수 있도록 조치를 취한다. 또한 주정부는 지방정부가 연방정부의 지도 및 지원을 받는 통로역할을 수행한다.

③ 지방정부 재난관리기구

실제의 재난은 특정 지방정부의 관할구역 내에서 발생하므로 지방정부는 재난관리에 있어서 최일선의 책임을 지고 있다. 이를 위해 미국 전역의 지방정부에서는 위기관리실 또는 위기관리센터를 설치하여 재난대비 기획기능을 할 뿐 아니라 재난발생기간 중에는 경찰, 소방 및 여타 서비스 기능에 대한 조정 메커니즘으로 활용한다.

2. 재난관리체계의 기능

미국에서 재난관리의 책임은 기본적으로 지방자치단체의 기본단위인 시에서 주관한다. 그러나 국가적인 재난사태가 발생하면 모든 국가기관이나 주 기관 등이 사실상 FEMA의 통제하에 놓이게 된다.

　FEMA의 임무는 모든 종류의 재난에 대해 포괄적인 비상사태관리프로그램을 통해 위험감소, 대비, 대응 및 복구를 함으로써 생명과 재산의 손실을 감소시키고 국가의 핵심적인 하부구조를 보호하는 데 있다.[79] FEMA의 역할을 요약해보면, ① 주(州) 및 지방 관료들과 함께 재난의 범위와 핵심 필수사항의 결정, ② 연방대응계획에 의거하여 연방 및 주 재난 현장사무소의 창설 및 구성과 기타 연방기관들과의 협조, ③ 재난구호활동, ④ 국민들에게 재난예방 및 감소에 대한 교육, ⑤ 50개 주의 긴급계획에 대한 자금지원, ⑥ 비상사태 대비 시행의 보장, ⑦ 소방관들에 대한 교육과 소방 표준화 수립, ⑧ 홍수프로그램 시행, ⑨ 도시 수색 및 구조팀 자격인정 업무, ⑩ 국내테러리즘에 대항하기 위한 관리계획 발전, ⑪ 비상대비 및 민방위 업무의 수행 등이다.[80]
　FEMA부서별 주요 기능은 <표 7>과 같다.

<표 7> FEMA부서별 주요 기능

주요 부서	주요 기능	과(Division)
준비, 대응, 복구국 (Readness, Response and Recovery Directorate)	• 재난대비 계획수립 및 훈련 • 재난대응 및 복구 • 화학 및 방사능물질 사고 대응	• 계획, 연습 평가과 • 운영과, 복구과 • 훈련과, 서비스지원과 • 화학, 방사능물질과
연방보험, 완화국 (Federal Insurance Mitigation Administration)	• 홍수보험프로그램(national Flood insurance Program)관리 • FEMA의 완화프로그램 실행	• 위험지도제작과 • 공학, 과학, 기술과 • 완화계획, 감독과 • 재정프로그램 산업관계과 • 마케팅프로그램 협력과
연방 소방국(Us Fire Administation)	• 화재 및 응급 의료서비스 제공, 교육 등의 정책과 프로그램 관할 • 국립소방학교 운영 • 국립비상교육센터운영 관리운영 • 국가화재프로그램 운영	• 국립소방학교 • 국립비상사태훈련센터 (NETCL National Tranning Center)관리운영과 • 국립화재데이터 • 국립화재프로그램 관리과

79) www.fema.gov
80) FEMA의 기능은 FEMA가 국토안보부로 소속되기 이전의 기능을 명시한 것이나, 국토안보부 소속 이후에도 큰 차이가 없을 것으로 본다.

주요 부서	주요 기능	과(Division)
대외협력국(External Affairs Assiatant)	• 국회와 정부기관 간의 관련 업무 • 재난관련 국제 업무 추진	• 의회, 정부 업무과 • 공공 업무과 • 국제 업무과
정보기술 서비스국 (Information Technology Services Assiatant)	• FEMA의 각종 운영 프로그램 관리 • 응용프로그램의 개발 • 정보기술 지원	• 관리과 • 업무과 • 기술과 • 기획시스템개발과
행정 지원기획국 (Administration & Resource Plannning)	• FEMA의 인적자원 관리 • 전산시스템 기능유지보수 • FEMA의 재정관리	• 인적자원과 • 재정, 획득과 • 전산기능관리, 서비스과
지역사무소(10개소) (보스톤, 뉴욕, 필라 델피아, 애틀란타, 시카코, 달라스, 캔사 스, 덴버, 샌프란시 스코, 시애틀)	• 재난에 대한 지역별 예방 활동 • 재난발생 시 긴급대응 및 중앙 정부와 주정부의 연결 창구역 할 수행 • 비상사태관리 교육	• 피해경감과 • 대비, 교육, 훈련과 • 대응, 복구과 • 운영지원과

자료: 최재경(2002), 세계의 비상대비 변화 추세 분석과 우리의 대응, 『비상기획보 2002』, 과천: 비상기획위원회, p.33.

재난관리단계별, 즉 예방/완화, 대비, 대응, 복구의 단계에서 FEMA 의 기능을 살펴보면 다음과 같다.

예방단계에서 FEMA의 기능은 '재난위험의 감소'이다. FEMA는 재 난이 발생하기 전에 재난의 위험을 감소시키거나 제거시키기 위해 다 양한 노력을 기울인다. 자주 범람하는 지역에서 이사하거나, 홍수수위 보다 집을 높게 건축하거나, 지진에 강한 건축물을 짓거나, 건축법을 강화하는 것들이 그 사례들이다. 지진이 발생했을 때 가스 밸브를 잠 그거나 전기 스위치를 내리는 것도 재난을 완화하는 방법이다.

대비단계에서 FEMA의 기능은 '재난에 대한 준비'와 '재난대항공동 체와 동반자 정신의 건설' 등이 있다. 이를 살펴보면 다음과 같다.

첫째, 재난에 대한 준비이다. FEMA는 재난에 신속하고도 계획성 있 게 대응하기 위해 연방, 주 및 지방 수준에서의 훈련, 연습과 대응 기획 을 협조한다. 이러한 활동은 재난발생 시 비상사태 관리자들이 가장 잘 대응할 수 있도록 하는 데 그 목적이 있다. FEMA소속의 국가비상사태

훈련센터에는 비상사태관리연구소와 소방학교가 있다. 여기에서 비상사태관리자, 소방수 그리고 선출직 관료들로 학급을 편성하여 비상사태 기획, 연습 방안(design), 재난관리 평가, 비축물자 관리 및 화재관련 관리 등에 대해 교육한다. 교육에 종사하는 교사들도 학생들에게 재난 안전에 대해 교육하기 위해 여기에서 교육을 받는다. 또한 독립적인 학습과정으로는 일반대중들과 방송요원들에게 비상사태 교육네트워크의 한 분야인 위성방송을 통해 재난대비와 지원에 대한 교육이 실시된다. FEMA는 또한 여러 정부기관, 주 및 지방 관료들이 참석한 가운데 대규모의 연습을 통해 비상사태 절차와 기획에 대한 내용을 시험해보고, 핵발전소 및 화학물질저장소의 비상사태에 대해 훈련과 연습을 협조한다.

둘째, '재난대항공동체'와 '동반자정신'의 건설이다. '재난대항공동체'란 가족과 기업 그리고 공동체가 자신들을 보호하기 위해 스스로 완화행동을 취하도록 희망하는 국가 철학이다. 이 접근방법은 자연재난에 대응하는 미국식 방법을 바꿔보자는 것이며 공동체의 지도자, 시민 그리고 기업이 같이 일을 함으로써 재난으로 인한 인명 및 경제적 손실을 줄여보자고 하는 데 그 목적이 있다. 미래지향적인 이 계획에서 가장 중요한 것은 '동반자 정신'이다. 200개 이상의 시와 군 그리고 1,000개 이상의 기업이 재난에 공동으로 대항하기 위해 '동반자정신'에 동참했다. 이러한 토대 위에 FEMA는 26개 기관들과 함께 재난관리에 대한 임무를 수행하며 적십자사나 구세군과 같은 자원봉사자들과 주 및 지방 정부의 긴급사태 입안자 및 관료들과도 공동으로 재난 업무를 수행한다.

대응단계에서 FEMA의 역할을 신속하게 재난에 대응하여 피해를 최소화하는 것이다. FEMA는 재난발생을 예측하여 그것의 발생이 확실할 경우, FEMA는 장비, 물자, 인원을 사전에 재난예상 지역에 배치한다. 또, 토네이도나 지진처럼 갑자기 재난이 발생하면 FEMA는 즉각적으로 인원, 물자 등을 투입하여 이에 대응하며, 다른 연방기관들의 협조가 필요한지를 평가한다. FEMA는 모든 재난에 대응하는 것이 아니라, 국가자원이 심각하게 재난을 입고 또 주지사가 요청하는 재난에 대해서만 대응한다. 연방재난이 선포되면 연방정부는 재난복구비를 지원하며, 재난복구비는 의회의 승인에 의해 특별자금으로 집행된다. 참고적으로 재난이 선포되는 과정을 살펴보면 다음과 같다. ① 재난발생, ② 지방 및 주정부에서 손실 평가, ③ 주지사는 손실을 검토한 후 연방의 원조지원 여부 결정, ④ 주지사가 연방 지역사무소에 연방 / 주의 합동으로 손실예비평가에 참여해줄 것을 요청, ⑤ 연방 / 주 합동 손실예비평가, ⑥ 주지사는 FEMA 지역사무소를 통해 연방 재난 선언 요청, ⑦ 지역사무소는 주지사의 요청을 검토한 후 FEMA본부에 건의, ⑧ FEMA의 대응 및 복구국은 요구사항에 대한 정보를 검토한 후 승인 / 불승인 여부를 건의, ⑨ FEMA청장(Director)은 대통령에게 승인 / 불승인 건의, ⑩ 대통령은 연방 재난 선언에 대한 최종 결정 등의 순이다.

복구단계에서 FEMA의 기능은 '재난구호 프로그램'과 '연방보험업무'의 시행 등이 있다. 이를 살펴보면 다음과 같다.

첫째, 재난구호프로그램 실시이다. 개인에 대한 지원은 자금융자지원, 임시거처, 파괴된 가옥 수리를 위한 보조금, 정신적 상담, 법률지원 및 재난 관련 실업자 지원 등이다. 미국의 중소기업청은 재난손실을 도와주기 위해 저리(低利)의 재난대부를 제공한다. 공공을 위한 지원은 재난에 의해 파괴되었거나 손상을 입은 하부구조나 공공기관(학교, 공공건물, 교량 등)을 수리하거나 재건설하기 위해 주 및 지방정부와 비영리단체에 대해 지원하는 것이다.

둘째, 연방보험업무의 시행이다. 홍수의 피해는 개인 주택자나 주택사업자의 보험만으로는 해결이 불가능하기 때문에 FEMA는 국가홍수보험프로그램을 운용하다. 이 프로그램은 이 프로그램에 참여하고 있는 19,000여 이상의 공동체에 홍수보험을 지원하고 있다. FEMA는 보험회사들과 함께 홍수보험 판매와 정책에 대해 협조한다. 이 프로그램의 시행으로 수천 명의 재난 희생자들이 재기의 발판을 마련했다.

FEMA가 주정부나 지방정부의 재난 관련 정책이나 자원지원의 관리를 위한 연방 차원의 가장 중요한 중심기관이지만, 그 외에도 재난의

방지, 재난계획, 대응 그리고 복구 등에 다음과 같은 연방 차원의 중요
한 기관들이 있다. 이에 대해서는 재난관련 연방기관들과 그 역할은
<표 8>과 같다.

<표 8> 재난관련 연방기관들과 그 역할

기 관	역 할
연방엔지니어협회	• 주정부와 지방정부에 홍수예상지대와 그 예상피해에 관한 정보를 제공하고, 홍수방지와 구조 활동 등을 지원
미국토질보호협회	• 토지자원과 수자원의 보존 / 개발 그리고 이용에 있어 기술적 지원제공
중앙기상대	• 일기예보와 경보 및 예상강수위에 따라 위험지역에 주의 경보나 경계경보를 선포
해안경비대	• 기름이나 기타 공해물질의 바다나 강으로의 유입을 막기 위한 대책
연방환경보호청	• 유독물질 재난에 대한 모든 계획한 그 처리를 담당 • FEMA와 공조하여 유해물질에 관한 훈련, 재난대비의 취약성 예측 (Vulnerability assessment)과 위험분석 (risk analysis)을 계획하고 시행
미연방지질학회	• 지진예보 · 내진공법 · 피해산정과 이에 관련된 데이터 와 정보를 제공

자료: 백영옥(2001), 전 · 평시 비상대비 및 재해재난의 효율적인 관리방안 연구, 비상
기획위원회, 「정책 연구보고서」, pp.102 - 103.

3. 미국 재난관리체계의 특징

미국의 전통적 안보위기관리체계와 재난관리체계의 특징은 다음과
같이 정리할 수 있다.

첫째, 미국은 재난의 예방과 대응을 위한 상설기구가 확립되어 있으며, 각

기구의 임무와 역할, 권한 등이 명시되어 있다. 특히, FEMA 청장은 장관급으로 임명되어 재난관리에 있어 충분한 권한과 재량권이 부여되어 있다.

둘째, 미국은 총체적 비상재난관리시스템을 도입해 활용하고 있다. 재난이 발생할 경우 효과적인 대응과 복구를 하기 위해 FEMA는 지방, 주, 연방정부에 의한 체계적인 계획과 행동강령 차원에서 연방재난대응계획을 개발하여 적용하고 있다. 구체적으로 연방재난대응계획은 재난 시 27개 연방정부부서와 기관들의 역할을 명시하고 즉각적인 구난을 수행하기 위해 제공될 수 있는 연방의 지원형태를 제시하고 있다.

셋째, 연방정부를 포함하여 주정부와 지방정부의 재난대응절차가 체계화되어 각 수준의 정부는 재난관리의 일반적 책임과 기능을 공유하면서도 각각 독특한 책임을 분담하고 있다.

넷째, 미국의 재난관리체계의 영역은 9·11테러사건 이후 점차 확대되어가고 있으며, 재난관리는 안보위기관리체계와도 밀접한 관련이 있다.[81] 국토안보부가 주관하는 재난 영역에는 FEMA가 담당하는 자연적·인위적 재난만 있는 것이 아니라, 사이버 영역의 국가기간 시설과 국민의 정신적 기반을 저해하는 마약 등과 같은 것들이 포함되어 있다. 즉 재난 영역은 국가 내부체계에 대한 위협으로 볼 수 있으며, 비록 그 비중이 증대되고 있으나 FEMA가 담당하고 있는 것은 재난 영역 중에서 특정영역일 뿐이다. 또, 재난 원인들 중 예전에는 배제되었던 테러가 중요하게 부각되고 있으며, 테러에 의한 재난이 다른 어떤 재난보다 사회 내부에 심각한 영향을 가져올 수 있으므로, 재난관리는 전통적 안보위기관리체계와도 수평적으로 밀접한 관계를 가질 수밖에 없다.

다섯째, FEMA에서 비상사태 및 민방위 업무를 동시에 수행한다는 점이다. FEMA는 전시대비보다는 평시 재난에 치중된 기관이긴 하지만 국가동원과 민방위를 충분히 포함하고 있는 총체적인 비상관리체계로서의 임무를 수행한다. 국가동원 분야에서 FEMA가 수행하는 주요 기능은

---

81) 백영옥(2001), 전·평시 비상대비 및 재해재난의 효율적인 관리방안 연구, 비상기획위원회, 「정책 연구보고서」, pp.109-112.

자원동원 및 긴요 물자 비축범위 결정 등이 있다. 또한 민방위 분야에
서는 대피소 구축, 주민소산 및 경보체계 유지 등의 기능을 수행한다.

이상의 내용을 종합하면, 미국은 위기·재난의 대응체계를 합리적으
로 발전시켜 왔다고 할 수 있다. 그리하여 인위재난에 대비하는 체계
를 발전시켜 왔고 자연재난에 대해서도 잘 대비할 수 있는 체계를 갖
추었다고 평가되고 있다. 그럼에도 불구하고 지난 2006년 3월에 발생
한 뉴올리언스의 카트리나에 의한 홍수는 인재의 성격이 강한 것으로
밝혀졌다. 우리도 여기에서 위기·재난에 대한 방비가 자연적인 힘에
의해서는 한계가 뚜렷하다는 점을 이해할 수 있다. 동시에 자연재난이
인위재난의 성격이 있다는 평가 앞에서 진지한 반성과 검토가 있어야
한다고 하겠다. 그 반성과 검토는 무엇보다 예측하고 대응하는 시스템
이 제대로 작동하고 있는가에 있다. 예를 들면 재난의 징후들이 발견
되고 이것이 경고로써 전달되는 과정에 관한 문제이다. 이는 우리의
재난관리체계에도 교훈으로 삼아야 한다.

제2절 일본의 재난관리체계

1. 재난관리체계의 설계

현재 일본의 재난관리에 대한 행정체계의 구축은 「안전보장회의 설
치법」, 「자위대법」, 「재해대책기본법」 등의 법률안에서 형성되었다. 미

국과 마찬가지로 일본의 재난관리도 국가안보의 문제와 자연재난 및 인위재난과의 긴밀한 결합의 형태를 갖고 있다. 일본의 위기관리체계는 안전보장회의와 내각부 방재담당조직으로 이루어져 있다. 안전보장회의는 전통적 안보위협과 외교, 경제, 에너지 등 군사외적요인들을 총체적으로 담당하고 있다. 내각부 방재담당조직은 태풍, 지진, 해일 등과 같은 자연재난과 원자력, 임계사고 등과 같은 인위재난을 담당하고 있다.

전후 일본은 전통적 안보위협에 대한 위기관리는 주로 미일동맹에 의해 미국에 의존해 왔다. 그러나 1996년 북한의 미사일 발사 및 북한 핵문제, 1999년과 2000년 북한의 괴선박사건, 중국과의 조어도 분쟁 등으로 일본 국내에는 상당한 안보불안감이 조성되었고 이러한 잠재적인 안보위기에 대해 내각 차원의 적극적인 대응의 필요성이 대두되었다. 이에 일본 내각은 조직을 정비하여 주변사태 및 테러에 의한 일본의 안보위협에 대응할 수 있도록 2003년 6월 안전보장회의법을 강화 개정하여 현재의 체계를 확립하였다.[82]

자연 및 인위재난에 대한 대책은 주로 방재에 중심을 두고 변화해 왔다. 일본은 2004년 한 해 동안만 대형 태풍 10개가 관통했을 정도로 자연재난이 많이 일어난다.[83] 지방자치 및 분권화가 발달한 일본에서 이러한 자연재난은 주로 지방자치단체의 몫이었으나 1959년 '이세만'태풍에 의해 막대한 피해를 입어 1961년 처음으로 재난대책 기본법이 제정되었다. 이 법은 1995년 1월의 한신 아와지(淡路島)대지진에 의하여 (약 7,000여 명의 사망자) 1995년 12월에 대폭적인 개정이 이루어졌다. 그러나 1990년대에 일본은 새로운 위기상황에 직면하였고 내각 차원에서의 통합적인 대응을 할 필요를 느끼게 되었다. 결정적인 계기는 1995년 발생한 고베대지진이다. 고베대지진으로 인해 내각의 행정은 한계를 드러냈으며, 더 이상 지방자치단체에 재난관리를 위임하는 것으로는 대규모재난에 대응할 수 없음을 인식한 것이다.[84] 이를 계기로

일본은 자연재난과 인위재난에 대응할 수 있도록 내각부의 방재조직을
정비하였다.

이상의 법률의 제정 및 개정은 일본 역시 미국처럼 위기 및 재난관
리대응체계가 그 필요에 의해 보다 종합적이고 체계적으로 변천되어
왔음을 알 수 있게 한다. 일본의 재난관리체계에는 다음과 같은 기관
들이 있다.

1) 국가안전보장회의

일본은 1956년 '국방회의'가 창설되면서부터 국가안보에 관한 자문
기구를 두게 되었다. 당시 '국방회의'는 수상을 의장으로 하고, 대장상,
방위청장관, 경제기획청장관 그리고 관계 국무대신과 통합각료회의 장
관을 구성원으로 하고, 휘하에 사무국을 두어 운영하였다. 그러나 초기
의 미숙한 운영과 더불어 정보의 수집 및 분석 기능 강화와 정책입안
능력을 강화하기 위해 기존 '국방회의'를 대폭 보완하고, 군사 및 방위
정책뿐만 아니라 외교, 경제능력, 에너지대책, 식량 확보 등의 문제를
포괄하는 '총합안전보장 관계각료회의'를 1980년 발족시키게 된다. 그
러나 이 기구가 법적인 근거를 갖지 못한 관계로 구속력 있는 운영에
한계가 있다는 지적에 의해 그 보완책으로 미국형 안보회의를 모색한
결과 1986년 5월 안전보장회의법을 제정하고, 그해 7월 오늘날의 안전
보장회의가 출범하게 된 것이다.[85]

---

84) 1995년 1월 17일 고베에서 발생한 지진은 사망자 5,500여 명, 가옥 19만
　 호의 손실, 30만 명의 이재민을 발생시켰다. 이원덕(1997), 고베지진과 일
　 본정부의 위기관리, 「일본사회의 재해관리」, 서울: 서울대학교출판부, p.43.
85) 안선주(2004), 「국가안전보장회의에 관한 연구」, 동국대학교대학원 석사학
　 위논문, p.32.

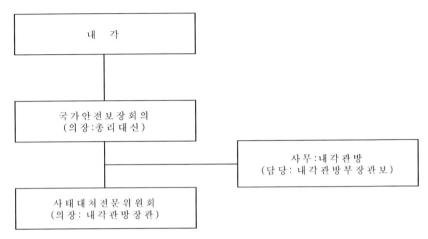

자료: 김열수(2005), 「21세기 국가위기관리체계론」, 서울: 도서출판 오름, p.143.

〈그림 8〉 일본 국가안전보장회의 조직

안전보장회의는 수상의 자문기관으로서 크게 필요적 자문사항과 임의적 자문사항으로 나눠 수상에게 자문 활동을 하게 된다. 필요적 자문사항은 안전보장회의법에 의해 의무적으로 규정된 사항들로서, ① 국방의 기본방침, ② 방위계획의 대강, ③ 방위계획에 연관된 산업 등의 조정계획의 대강, ④ 방위출동의 가부, ⑤ 기타 수상이 필요하다고 인정하는 국방과 연관된 중요 사항 등이 이에 포함되며, 세부적으로는 자위대의 조직, 편성, 배치의 변경, 병기 및 장비의 종류와 수량 결정 등 방위예산과 직결되는 사안들까지도 포함하고 있다. 한편 임의적 자문사항이라고 하는 것은 수상이 중대 긴급사태에 대하여 필요한 경우 사태 조치를 위해 안보회의에 자문하는 것을 말하는데, 여기서의 중대 긴급사태는 ① 필요적 자문사항 이외의 긴급사태로서, ② 일본의 안전에 중대한 영향을 미칠 위험성이 있는 것 중에서 ③ 통상의 긴급사태 대처체계에 의해서는 적절히 대처하기 곤란한 사태로 규정하고 있다. 즉 대규모 지진 등 자연재난, 대정전, 통신망 두절 등의 인위적 사고, 경제적 위기, 테러 등 매우 광범위하게 해석할 수 있다.[86]

2) 국내 재난관리체계

일본은 위치, 지형, 기상 등의 자연조건으로 미루어볼 때 지진, 태풍, 호우, 화산분화 등에 의한 재난이 발생하기 쉬운 국토이다. 세계 전체에서 차지하는 일본의 재난발생률은 매그너튜드(진도) 6 이상의 지진횟수 20.5%, 활화산 수 7.1%, 재난피해액 16.0% 등 세계의 0.25%의 국토면적에 비해 상당히 높다. 이러한 환경 속에서 1961년「재해대책기본법」이 재정되었고 이어 1962년에 중앙방재회의를 설치하고, 이듬해에 방재기본계획을 결정했다. 그 후에도 커다란 자연재난이나 사고발생을 계기로 방재체계가 강화되어 왔다. 1995년 한신-아와이대지진으로 인해 과거와는 다른 성질의 재난을 경험하게 됨으로써 지진방재대책특별 조치법, 재해대책 기본법의 일부개정, 대규모 지진대책특별조치법의 일부개정 등이 차례로 재정됨으로써 국가재난관리에 관한 근본적인 검토 및 체계정비를 도모했다.[87]

일본은 고베지진 이후 재난관리체계를 계속적으로 정비하였다. 2001년 1월 중앙부처가 통폐합됨에 따라 일본의 재난관리체계도 대폭 개편되었다. 과거 국토청 소속의 방재국은 방재기획과, 방재조정과, 방재업무과 등으로 구성되어 있었으나, 2001년 이후 방재업무는 새로 발족된 내각부로 이관되었다. 새로 발족된 내각부 산하의 재난관리조직은 방재담당 정책통괄관이 맡게 되었고, 이 조직은 과거보다 더 폭넓고 보다 강력한 통합조정권을 발휘하게 되었다.[88]

일본의 재난관리는 정부, 지방공공단체, 공공기관, 주민 등의 협력하에 종합적이고 통일적으로 이루어진다. 중앙정부 차원에서는 재난대책의 총합성을 확보하고 방재와 관련된 중요 사항을 심의하기 위해 중앙방재회의가 설치되어 있고 내각부에 내각위기관리감(특별직)이 조직되어 있다. 내각부 방재담당 정책총괄관은 대신을 보좌하고 방재관련 기본적인 정책

86) Ibid., pp.33 − 34.
87) http://www.ilikeclick.com/tracking/clic
88) 김열수(2005), 「21세기 국가위기관리체계론」, 서울: 도서출판 오름, p.135.

과 대규모재난발생 시 대처사항과 기획입안, 총합조정 등의 임무를 수행
한다. 내각본부에 조직되어 있는 방재조직을 살펴보면 <그림 9>와 같다.

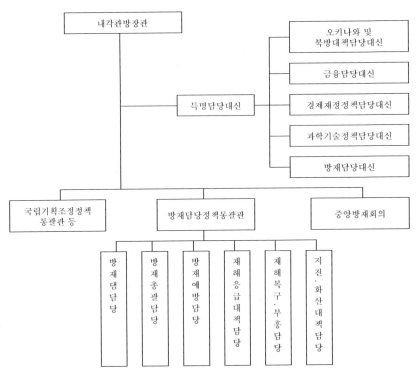

자료: 방재 및 정보연구소, 『弘報, ぼうさい(창간호)』, 2001년, p.4; 이연, 앞의 책, p.229에서 재구성.

<그림 9> 일본 내각의 재관난리 조직

구체적으로 재난관리체계를 살펴보면, 방재담당 정책총괄관89)은 총

---

89) 위기관리를 전문으로 담당하는 내각위기관리감(특별직)은 1995. 1. 17. 고베
지진 이후 내각의 위기관리기능 강화의 필요성이 대두되어 내각법 제15조 의
거 1998. 4. 1.에 신설되었다. 그 임무는 평상시에는 국내 전문가 등과 네트
워크 형성, 위기유형별로 대응책 연구 등을 수행하고, 긴급사태 시는 필요한
조치에 대하여 1차적 판단 및 초동조치에 대해 관계 성·청에 연락·지시,
총리대신 보고, 관방장관 보좌 등의 역할을 수행하는 것이다.

6명으로 방재총괄담당, 방재예방담당, 방재담당, 재난응급대책담당, 재난복구·부흥담당, 지진·화산 대책담당 등이다. 그중 방재총괄담당은 정책통괄관의 소관업무에 관한 종합조정, 방재정책에 관한 기본사항의 종합적인 조사, 방재에 관한 조직의 설치 및 운영, 극심 재난지역 지정 등의 기능을 수행하고, 방재예방담당은 방재계획 작성, 정책통괄관의 소관업무에 대한 국제협력에 관한 사무정비, 방재백서의 작성, 방재홍보, 토사재난대책의 추진, 방재지식의 보급 및 계발의 기능을 수행한다. 재난응급대책담당은 대규모재난발생 시 또는 발생할 위험이 있을 때는 그 재난에 대처하고, 재난복구 및 부흥담당은 특정 비상재난 및 당해 특정비상재난에 적용해야 할 조치 지정, 피해자 생활재건 지원금의 지급 등 기능을 수행한다. 또한 지진화산대책담당은 지진대책 및 화산재난대책에 관한 시책 추진, 피난시설긴급정비지역 및 화산재 방재지역 지정 그리고 대규모 지진대책특별조치법에 의한 지진방재대책을 수립한다.[90] 또한 일본의 지방자치제도 안에서 재난관리체계는 이원적으로 운영되고 있다. 그것은 중앙방재회의와 지방자치단체 방제조직이다.

① 중앙방재회의
중앙방재회의는 방재기본계획 및 지진방재계획의 작성 및 그의 실시와 추진, 비상재난발생 시 긴급조치에 대한 계획 작성 및 그의 실시와 추진, 내각총리대신 및 방재담당대신의 자문에 응해 방재에 관한 중요사항의 심의, 방재에 관한 중요 사항에 관해서 내각총리대신 및 방재담당대신의 의견 요청 등의 역할을 수행한다. 중앙방재회의의 의장은 내각총리대신이며, 위원은 방재담당대신 외 전 각료와 지정공공기관의 장 4명 그리고 관련 전문학자 4명 등으로 구성되어 있다. 재난발생 시 중앙방재회의는 '비상재난대책본부'로 전환하여 운영되고 사무국 운영

www.nema.go.kr/index.html
90) 박종흔(2004), 「인적재난관리체계의 개선방향에 관한 연구」, 관동대학교 대학원 박사학위논문, p.72.

요원은 비상시 각 성·청에서 파견받아 충원한다.[91]

② 지방자치단체 방재조직

지방정부의 재난대책은 일차적으로 시·정·촌을 중심으로 이루어지면, 각 현에서 중앙정부의 정책을 반영하여 총괄관리하고 있다. 지역방재계획의 수립과 시행, 재난발생 시 관계기관의 연락·조정 등을 위하여 도·도·부·현 또는 시·정·촌 방재회의가 설치된다. 또한 재난이 발생하거나 발생할 염려가 있어 재난대책을 일괄적으로 시행할 필요가 있는 경우 도·도·부·현지사와 시·정·촌장은 지방방재회의의 의견을 듣는 재난대책본부를 설치할 수 있다. 중앙정부의 비상재난대책본부는 재난발생 후 필요에 의하여 설치되는 반면, 지방자치단체의 재난대책본부는 재난예방 측면에서 재난발생 전에도 설치할 수 있도록 되어 있다.

일본에서 재난발생 시의 신고연락체계와 연관하여 중앙과 지방은 재난대응 단계별로 재난대책본부를 <표 9>와 같이 설치하여 운용한다.

<표 9> 단계별 재난대책본부 설치 및 운용

중앙<내각부>	지방<도도 부현 및 시 정촌>
• I 단계: '비상재해대책본부' 설치 – 본부장: 방재담당대신 – 근거: 「재해대책 기본법」24조 제1항 – 설치기준: 국가가 특별히 재난 응급 대책을 추진할 필요가 있을 때 ⇓ • II 단계: '긴급재해대책본부' 설치 – 본부장: 내각부총리대신 – 근거: 「재해대책 기본법」28조의2 제1항 – 설치기준: 재해가 매우 극심할 경우	• '재해대책본부' 설치 – 본부장: 도도부현 지사, 시정촌장 – 근거: 「재해대책 기본법」23조 제1항 – 설치기준: 재난이 발생할 우려가 있거나 발생했을 때, 지역방재계획에 다라 지역방재회의와 결정 ※ '재해대책본부'의 명칭은 개별 사건에 따라 다를 수 있으며, 지방 자치단체에 따라 '위기관리대책본부'라고 하기도 함

자료: http://www.nema.go.kr

---

91) www.epc.go.kr/emer/worldview.html

2. 재난관리체계의 기능

일본의 재난관리는 재해대책기본법에 기초한 '방재기본계획'에 따라 진행된다. 방재기본계획은 한신·고베대지진 등 최근 경험한 대규모재난의 경험을 기초로 최근의 방재를 둘러싼 사회구조의 변화 등에 입각해, 일본에서 방재상 필요하다고 사료되는 각 시책의 기본을 국가, 공공기관, 지방 공공단체, 사업자, 주민 등 각각의 역할을 분명하게 정하고, 방재업무계획 및 지역방재계획에서 중점을 두어야 할 사항의 지침을 제공함으로써 일본의 재난대처능력을 증대하는 것을 도모하는 것을 목적으로 하고 있다.[92]

1) 방재의 기본방침

방재는 재해가 발생하기 쉬운 자연조건하에서 치밀한 인구, 고도화된 토지이용, 증가하는 위험물 등의 사회적 조건하에서 일본의 국토 및 국민의 생명과 재산을 보호하는 행정상 가장 중요한 시책 중 하나이다. 방재는 시간의 경과와 함께 재난예방, 재난응급대책, 재난복구·부흥의 세 단계가 있고, 각각의 단계에서 국가, 공공기관, 지방공공단체, 사업자, 주민 등이 일체가 되어서 최선의 대책을 강구한다.

2) 방재계획의 추진

본 계획에 기초하여 지정 행정기관 및 지정 공공기관은 방재업무계

---

92) 윤석영 외(2003), 「재해대책 강화방안 연구보고서: 미국과 일본의 홍수관리체계를 중심으로」, 건설교통부, p.134.

획, 지방자치단체는 지역방재계획을 수립하여 각각 기관이 해야 할 역할 등을 지역의 실태에 입각하면서 작성, 수정한다. 이때 해당 단체의 자연적 사회적 조건 등을 감안해서 각 사항의 검토 후 필요한 사항을 기재하고, 특수한 사정이 있는 경우에는 적절히 필요한 사항을 덧붙인다. 지정 공공기관이 방재업무계획을 작성할 때 해당 기관의 지역특성 등을 배려해야 한다. 지정행정기관, 지정공공기관 및 지방자치단체의 방재담당 부국은 방재계획을 효과적으로 추진하기 위해 타 부국과의 제휴 또 기관 간의 제휴를 도모하면서, 다음의 세 가지, ① 매뉴얼 (실천적 응급활동 요령을 의미)의 작성과, 훈련 등을 통한 직원의 철저한 주지, ② 계획, 매뉴얼의 정기적인 점검, ③ 다른 계획(개발계획, 투자계획 등)의 방재 관점에서 체크를 실행한다.

　국가, 지정공공기관 및 지방자치단체는 방재기본계획에 의한 방재업무계획 및 지역 방재계획추진을 위한 재정부담, 원조, 지도의 충실에 최대한 노력하고 제도 등의 정비, 개선 등에 대해서 노력해야 하며, 방재계획을 효과적으로 추진하기 위해 국민의 방재의식의 고양에 노력한다. 국가는 필요에 따라, 재난, 지역을 특정한 각종 요강, 대강과 활동요령, 내진성에 관한 설계 지침 등의 작성, 재평가를 도모하고 국가는 지방공공단체에 대해 피해 상황의 작성·개량을 지원하기 위한 조사연구를 추진하며, 방재 계획 작성을 지원하기 위해 방재관련정보를 축적하고, 정보제공 및 적절한 지도 조언을 실행한다. 국가, 지정 공공기관 및 지방자치단체는 각각의 기관이 해야 할 역할을 정확하게 실행하고, 상호 밀접한 제휴를 도모해야 한다. 또, 지방자치단체끼리 제휴를 도모해 광역적인 관점에서 방재에 관한 계획의 작성과 대책의 추진을 도모한다. 한편, 지정공공기관 이외의 공공기관 등에서는 방재기본계획에 제시된 조치, 시책 사업 등에 대해 각각의 실정 등을 감안해 실시하도록 특별한 배려를 요망한다.[93]

---

93) Ibid., p.138.

3) 재난의 대응체계

대규모의 지진, 홍수 등에 의한 재난이 발생했을 때에는 재난응급대책을 신속하면서도 원활히 실시하기 위해 피해상황이나 응급대책에 관한 정보를 정확히 수집하고 신속히 전달할 필요가 있다. 특히 재난의 초기단계에는 그 피해규모나 정도를 전국적으로 파악하는 것이 매우 중요하다. 수상에게 신속한 보고연락을 행하기 위해 1995년 2월 21일의 각의결정에서 내각정보 조사실을 정보전달의 창구로 하고 1996년 5월 11일에는 내각정보 조사실의 일부로서 내각정보 집약 센터가 설립되어, 수상 보고를 24시간 체계로 대응할 수 있도록 하였다. 게다가 사회적 영향이 큰 돌발적 재난이 발생한 경우, 내각 차원의 초동조치를 신속히 하기 위해 관계 성청의 국장 등의 간부가 수상관저 위기관리센터에 긴급히 모여 정보 집약을 하도록 하였다. 이 외에 수도 직하형 등 대규모지진이 발생하였을 때, 내각의 초동 체계에 대한 각의 결정에 의해 각 각료의 집합장소의 순위를 ① 관저(위기관리센터), ② 내각부(중앙합동청사 제5호관), ③ 방위청(중앙지휘소), ④ 입 천 광역 방재기지(재해대책본부 예비시설)로 하였다. 또한 내각의 위기관리기능을 강화하기 위해 1998년 4월에 내각위기관리감이 설치됨과 동시에 내각안전보장실이 내각안전보장·위기관리실로 개편되어 위기관리관계 성청 연락회의가 설치되었다. 뿐만 아니라 2001년 1월 6일의 성청 개편에 따라 내각관방의 기동성, 기획입안·종합조정기능의 강화를 도모하기 위한 내각안전보장·위기관리실, 내각내정심의실 및 내각외정심의실을 폐지하고 대신에 특별직의 내각관방부장관보 3인을 두어 그중 1명이 안전보장, 위기관리를 수행하게 되었다. 한편 신관저 지하 1계에 설치된 위기관리센터는 2002년 4월 16일부터 운영을 시작하였다. 새로운 위기관리센터는 정부의 위기관리기능을 충분히 발휘할 수 있도록 내진성을 포함한 건물의 안전성, 신뢰성이 확보되어 최신의 멀티미디어에 입각한 정보 통신설비 외에 복수사태에도 대응가능한 기능, 즉 24시간 대응형 집무기능 등이 구비되어 있다. 이로부터 재난 시에 초기 대응이 보다 신속·정확히 행할 수 있도록 하였다. 이 외에 1995년도 이후, 관계기관의 신속한 초기 체계의 정비를 위해 경찰청 및 도도부현 경찰은 광역 긴급원조대의 설치, 소방청 및 지방공공단체는 긴급소방 원조대의 정비가 실시되었다. 또한 소방청은 상황에 따라 소방청장관이 다른 도도부현 지사에 지원요청이 가능하게 되는 동 소방조직법을 일부 개정을 하였다. 방위청은 방위청 방재업무계획에 소위 자주적인 파견에 관계되는 판단 기준을 명기함과 동시에 도도부현 지사 등의 파견요청을 간소화하는 자위대법 시행령의 일부를 개정하였다. 또한 2000년 11월에는 재난대처메뉴얼 및 도도부현별 재난파견 연락창구 일람표를 작성하여 도도부현 등에 주지시켰다.[94]

일본의 재난발생단계에 따른 구체적인 대응조치는 <표 10>과 같다.

〈표 10〉 재난발생단계별 대응조치

발생단계	내 용
재난발생 전	• 기상 예 / 경보 및 재난 예 / 경보 등을 발령 및 전달 • 경계 / 피난 • 공공시설 등을 방호 • 권고 / 지시 / 유도 등 • 대비상태 점검 및 강화 등 • 소방, 수방, 피해자 구난 및 구조출동준비
재난발생 중	• 소방 및 수방, 구난 / 구조·긴급수송로 확보 • 정보 수집 / 전달·소화·구급 기타 조치 및 수방 활동 • 인명구조 / 구호 / 보호 등·범죄예방·교통통제 등 • 긴급차량 지정, 장애물 제거 등·긴급통신체계 확립 / 유지

---

94) Ibid., pp.174−175.

발생단계	내 용
재난발생 후	• 이재자 구조 및 구호 · 응급교육 • 공공시설 등 응급복구 · 보건위생 • 사회질서 유지 · 긴급수송로 확보 • 정보의 수집전파 · 손실보상 • 손해보상 · 공적징수금 감면 • 재산 무상대부 · 시설 / 설비 등을 응급복구 • 수색 / 구조 및 의식주 생활필수품의 공금 · 이재아동 / 학생 응급교육 • 청소 · 방역 · 의료 등의 실시 · 범죄 예방, 교통 통제 등 • 구호물자 수송 등 · 재해관련정보 수집 / 전달 / 홍보 • 피해자의 국세 · 지방세 기타 징수금 감면 등 • 국유 · 공유재산 무상대부 • 응급공공부담과 응급조치종사자에 대한 보상

자료: www.nema.go.kr

3. 일본 재난관리체계의 특징

앞에서 살펴본 것처럼 일본의 위기관리체계는 전통적 안보위기관리체계와 재난관리체계로 대별된다. 전통적 안보위기관리체계의 특징은 일본 안전보장회의가 가지고 있는 일반적인 특징과 최근 개정된 내용에서 나타나는 특징으로 구분해볼 수 있다. 먼저, 일반적인 특징을 살펴보면 다음과 같다.

첫째, 일본의 안전보장회의는 국방과 중대 긴급사태에 관한 중요한 사항에 대해 심의할 수 있는 기능을 가지고 있다. 이는 한국의 안전보장회의가 자문기구의 성격이 강한 것에 반해 일본의 안전보장회의는 정책결정기구의 성격이 강함을 보여준다.

둘째, 일본의 안전보장회의는 전시에 군사, 정치, 경제, 외교 등을 통합하는 최고 전쟁지도기구로 전환 운영될 수 있다. 이는 일본의 안전보장위원회의 전신이 어전회의나 국방회의와 같은 전쟁지도기구였던 역사적 배경에서 기인한 것으로 판단된다.

셋째, 일본의 안전보장회의시스템 역시 정보의 중요성을 강조한다. 일본은 안전보장회의와 내각관방은 각종 경로를 통해 접근할 수 있는 정보를 총망라하여 종합·조정할 수 있는 역량을 배가하기 위해 내각관방 내에 '합동정보회의'를 설치하였다. 이곳에는 내각정보조사실장, 외무성정보조사부국장, 경찰청경비국장, 공안조사청장 그리고 방위청방위국장이 참여하여 각 부처의 정보를 교류하고 있다.[95] 최근에는 통합각료회의에 설치되어 있는 정보본부를 방위청장관 직할로 개편함으로써 정보 전달체계가 더욱 신속하게 되었다.[96]

넷째, 현대에 가까울수록, 일본의 안전보장회의는 평화헌법에 의한 제약에서 벗어나 점점 보통국가의 안전보장회의처럼 그 기능이 점차 강화되고 있다. 그 예로 일본은 1998년과 2003년에 2번에 걸쳐 안전보장회의설치법을 대폭 개정하고 미국의 안전보장회의와 같은 기능과 위상을 갖도록 자국의 안전보장회의를 정비하였다.

2003년 정비된 안전보장회의의 가장 큰 특징은 사태대처에 관한 안전보장회의의 역할이 명확해지고 강화되었다는 점이다. 먼저 개정안은 총리의 자문사항으로 무력공격사태 대처에 관한 기본방침과 무력공격사태 등 대처에 관한 주요 사항, 중대 긴급사태 대응에 관한 중요 사항을 추가시켰다. 또한 안보사안에 따라 관계 장관 및 요원을 회의의 구성원으로 추가할 수 있도록 하고 사태대처전문위원회를 신설함으로써 사태대처의 효율성과 전문성을 높였다. 과거 일본의 안전보장회의는 통과의례적인 업무의 성격이 강한 국방의 기본방침, 방위계획의 대강, 방위계획에 연관된 산업 등의 조정계획의 대강을 심의하는 기능만 담당함으로써 그 중요

95) 문장렬(2002), 국가안전보장회의(NSC) 발전방안, 한국외국어대학교, 「정책과학대학원연구보고서」, p.385.
96) 日정부 일본판 NSC 신설 추진, 「연합뉴스」, 2003년 6월 29일.

성을 인정받지 못하였다. 그러나 사태대처에 관한 역할을 강화한 개정안으로 인해 현재 일본의 안전보장회의는 국가안보 및 위기관리정책결정에 가장 중요한 기구로 인식됨과 동시에 그 운영도 활성화되고 있다.

개정된 안전보장회의의 두 번째 특징은 전문적인 참모조직을 설치하여 안보정책 및 전략을 개발·발전시키고 있다는 것이다. 실제로 신설된 사태전문위원회는 2003년 신방위정비안을 검토하는 주무를 담당하였다.[97]

마지막으로 일본의 안전보장회의도 국방과 같은 전통적인 역할에 추가하여, 경제문제 및 재난대응과 같은 비군사 안보 분야의 역할이 점점 더 강조되는 특징을 가지고 있다. 이러한 노력은 1998년 관방부에 설치된 '위기관리감'과 총리의 자문사항으로 '중대 긴급사태 대응에 관한 주요 사항'을 포함시킨 것 그리고 안전보장회의 구성원으로 경제문제를 담당하는 '경제산업대신'이 추가된 것을 통해 확인할 수 있다.

이상을 요약하면, 일본은 이미 1980년대 중반부터 강대국의 위치에 서서 국가생존 추구에 편중된 기초 차원의 안보 개념을 넘어 국가의 번영에 중점을 둔 현대적 안보개념을 구현할 수 있도록 안정보장회의의 체계와 역량을 발전시켜 오고 있는 것으로 정리될 수 있다. 또한 인위재난과 자연재난에 대한 일본의 재난관리체계는 다음과 같은 특징을 가지고 있다.

첫째, 일본의 방재조직 강화는 그 경험에 근거하고 있다. 일본의 재난관리는 지방자치단체에 상당히 의존하고 있었으며, 내각 차원의 강력한 의지로 재난관리의 통합화를 추진한 것은 고베대지진과 이바라키현 원자력 임계사고를 경험하고 난 후였다. 즉 미국의 FEMA창설과 강화가 국가적 차원의 정책검토를 통한 사전 대응적이라고 한다면 일본

---

97) 신방위정비안에는 경찰·해상보안청이 대처하는 치안출동과 본격적인 무력행사가 허용되는 방위출동의 중간 정도에 해당하는 임무를 자위대에 부여하고, 상대의 공격 정도에 맞춰 공격수위를 결정하는 '경찰비례의 원칙'을 적용하지 않고 정당방위나 긴급피난에 해당하지 않더라도 상대를 공격할 수 있도록 하는 내용이 반영되어 있다. 日 자위대의 선재공격권 검토,「중앙일보」, 2003. 12. 31.(검색일: 2004. 10. 12.)

의 방재조직 정비는 사후 대응적이라고 할 수 있다.

둘째, 일본은 미국과 마찬가지로 내각 차원에서 재난대책의 총합성을 확보하기 위해 노력하고 있다. 방재와 관련된 중요 사항을 심의하기 위해 내각에 중앙방재회의가 설치되어 있고, 내각위기관리감(특별직)이 편성되어 있다.

셋째, 일본의 방재조직은 그 경험에 입각하여 자연재난과 원자력사고와 같은 비의도적인 인위적 재난에 초점이 맞추어져 있다. 비록, 재난에 관한 업무를 안전보장위원회의 활동과 연계하고 재난관리의 총합성을 보장하기 위해 내각이 노력하고 있지만, 미국의 국토안보부처럼 국내안보와 재난관리를 연계시키려는 조직의 재편화는 아직 없다.

넷째, 일본은 재난관리단계별 법령이 세부적으로 잘 정비되어 있다.

다섯째, 중앙과 지방의 역할이 분권화되어 있으며, 지방의 방재조직은 각 지방에 따라 약간씩 상이하다.

일본이 본격적으로 위기관리체계를 정비했다고 하지만 아직까지도 일본은 본격적으로 미국처럼 통합적인 기능을 발휘하는 단계에까지 진입하지는 못한다고 판단된다. 이는 우리의 재난관리정책에 시사하는 바가 크다고 할 수 있다.

제3절 미국과 일본의 재난관리체계 형성의 경향

이상 미국과 일본의 재난·위기관리체계를 살펴본바 다음과 같은 방향으로 위기관리체계가 변하고 있음을 알 수 있다.

첫째, 탈냉전 이후 안보개념의 변화에 따라 각 국가들은 자체의 위기관리체계를 점진적으로 개선해 왔지만 제도와 법령을 포함한 본격적인 체계의 개편은 2001년 9·11을 전후한 재난에 대한 인식의 변화를 바탕으로 이루어졌다. 기존의 전통적 군사적 위기에서 피해는 거의 군에 국한되었으나, 9·11을 계기로 피해가 오히려 군이 아니라 민간인과 민간시설에 집중되는 특징을 갖게 되었다. 따라서 각 국가들은 종전의 군사영역의 전통적인 안보위기뿐 아니라 인간안위와 관련된 다양한 위협으로부터 국민의 생명과 재산을 안전하게 지킬 수 있도록 전통적 안보관리 위기관리체계와 재난관리체계의 개편과 강화를 서둘렀다.

둘째, 각 국가들은 위기관리조직들의 통합성과 협력을 지향하고 있다. 9·11을 전후하여 국제정세와 시대변화의 추세로 보아 전쟁반발 가능성은 그리 높지 않은 반면 상대적으로 테러(생화학무기, 사이버, 핵, 방사능) 위협은 크게 증가했고, 또 다양한 평시 위기(전염병, 정전사태, 운송, 컴퓨터 바이러스 등) 등이 대두되었다. 따라서 각국들은 전·평시·군사·비군사 그리고 민·관·군의 구분이 없는 새로운 종합위기관리체계가 필요하게 되었다. 따라서 각 국가들은 전통적 안보위기관리, 민방위, 재난관리 등의 유형별 기능적 통합을 추진하고 있으며 스웨덴의 SEMA와 영국의 CCS의 역할과 비중을 살펴보았을 때, 이러한 추세를 잘 알 수 있다. 이에 따라 소방, 경찰, 군, 민방위 조직 등 위기관련 기능의 통합과 지방자치단체의 재난관리조직과 광역적인 방재업무를 담당하는 국가재난관리조직 간의 협력, 위기담당조직과 유관기관 간의 협력이 더욱 긴밀해지고 있는 추세이다.

셋째, 중앙정부의 역할이 강화되는 추세이다. 각 국가의 민주주의 성숙과 '작은 정부'의 강조 등으로 지방자치단체의 행정권한과 역할, 자율성이 점점 강화되었다.98) 이에 따라 재난의 문제에도 수행 주체의

---

98) 재난관리에 있어 지방자치단체의 권한과 확대되는 부분은 주로 재난대응 단체이며 그것도 주로 초동 단계에 지나지 않는다. 이러한 경향은 유럽에서 두드러지게 나타나고 있다. 이에 대한 사항은 다음의 자료를 참고할

분권화에 따라 지방자치단체의 책임이 강화되었다. 그러나 오늘날 재난이 점차 대형화·빈번화되면서 지방정부의 능력만으로 이를 감당하기에는 벅찬 지경에 이르렀다. 따라서 각 국가들은 분산되어 있던 위기관리기구들을 대폭 통합하기 시작했고, 이에 따라 중앙정부의 임무와 역할이 점점 강화되고 있다. 이러한 경향은 모든 국가에서 발견되는 현실로서 미래사회에서의 국민의 생명과 재산의 안전은 전쟁과 같은 재난에 의해 위협받기보다는 자연재난과 인위재난과 같은 전쟁외적 요인에 의해 위협받고 있으며 이것의 예측과 대비가 보다 더 중요한 과제가 되고 있다.

것. 박헌옥(2004), 지방자치단체의 비상대비체계의 발전방향, 과천: 비상기획위원회, 「정책 연구보고서」, pp.42-57.

4장

우리나라의 재난관리체계

우리나라의 재난관리체계는 앞서 살펴본 미국, 일본과 상이한 요소가 있다고 할 것이다. 예를 들면 문화적 토양이 상이함에 따라 미국의 체계와 상이할 수 있고, 같은 문화권이라도 남북의 이념적 대립이라는 특수성에 의해 일본과 상이할 수 있을 것이다. 이에 더하여 급속한 경제발전의 추진과 그 결과에 내재되어 있는 재난의 요소들을 간과할 수 없다. 문화적 요인, 이념적 요인, 급속한 발전의 요인 등은 재난인식에 있어서 우리나라의 특수성을 표현하는 요소로서 생각할 수 있다. 특히 급속한 경제발전의 결과가 배태하고 있는 사회적 부조리와 부패문제, 빈부의 격차문제 등은 그대로 재난발생의 특성으로 또한 재난의 피해의 확산요인으로 거론되고 있는 실정이다. 이러한 요소들은 모두 재난관리체계의 형성에 있어서 고려해야 할 부분으로 이해할 수 있다. 그러한 취지에서 우선 우리나라의 경제발전과 그것이 가져온 재난의 내재문제를 논의한다.

제1절 우리나라 재난의 성격

1. 재난의 특징

우리나라 재난의 특징을 논의하기에 앞서 현대사회의 재난의 이론적 토대를 제공한 서구에서 태동한 위험사회의 문제의식을 살펴볼 필요가 있다.[99] 위험사회의 문제인식은 문명 비판적 시각으로서 산업화의 결과 발생한 사회적 갈등은 현대국가의 과학기술의 발전에 힘입어 탈산업사회에서 고도의 개인주의가 만연하게 된다는 점, 경제적 성취와 권력의 억압적 권력행사는 지양되고 인간의 자아성찰능력이 높은 수준으로 확대되어간다는 점, 지식사회화함에 따라 인간의 인식범위가 넓어져 종전에 위험으로 간주하지 않았던 것을 이제는 위험으로 보게 된다는 점 등을 현대사회의 특징이면서 동시에 사회적 갈등의 요인으로 혹은 사회적 위험의 요소로 보고 있다. 이러한 문명 비판적 시각은 본 연구의 주제인 재난의 연구에 있어서 자연재난보다 인위재난의 중요성을 강조하게 된다. 따라서 위험사회의 문제인식은 현대사회에 있어서 재난의 질적 변화를 의미한다고 할 수 있는데 예컨대, 사회경제적 갈등구조의 변화는 19세기 이래의 계급갈등의 현상에서 이제 개인갈등으로의 변화를 의미하고, 의식적·철학적 인식론의 변화는 목적적·도구적 합리성에서 전체적·성찰적 합리성으로 변화(해야)한다는 것이다. 위험사회론은 산업화의 논리에 내재되어 있는 위험성과 산업화의 논리가 더 이상 적용해서는 안 되는 현실에서 질적인 변화를 시도하는 전환과정에 위험의 인자가 있고 재난의 요소가 있다는 것이다. 이 과정은 사회

---

99) Ulrich Beck, 홍성태 역, (1997), 「위험사회」, 서울: 새물결.

의 발전과 변화의 방향을 제시하면서 미래사회의 발전은 과거의 발전을 반성하면서 진행해야 하는 '성찰적 근대화'라는 새로운 시대의 단계로 향하고 있다는 것이다.

위험사회론은 서구사회가 약 2세기에 걸쳐 이룩해온 산업화의 문제들이다. 이렇게 오랜 기간에 거쳐 이룩한 경우에도 그 심각성을 인식하고 이를 해소하기 위한 성찰을 주장하고 있다. '성찰적 근대화'의 개념은 우리가 논의하는 물리적 재난이 주제는 아니다. 그러나 우리는 이를 통해서 물리적 재난의 발생에는 필수적으로 위험사회론과 같은 인식론적 사회비판의 관점이 전제되어야 하고 그 중요함을 지적해야만 한다고 생각한다. 우리나라의 경제발전은 서구사회가 약 2세기에 걸쳐 이룩한 것을 비교적 짧은 시간에 성취해왔고 이 과정에서 많은 문제들이 내제되어 있을 것이라는 점을 추측할 뿐만 아니라 이에 덧붙여 서구사회가 경험하고 있는 위험사회의 문제의식도 함께 고려할 필요가 있다고 할 것이다.

우리나라는 1990년대 이후 빈번하게 터지는 대형 재난사고에 대해 그 원인으로 이른바 한국적 특수성이 크게 작용하고 있는 것으로 지적된다. 여기서 한국적 특수성으로는 근대화의 파행성, 한국 특유의 폭증사회, 날림사회, 비상적인 발전 혹은 왜곡된 발전 등이 언급된다. 서구사회는 정상적으로 근대화되고 발전했는데 우리는 그렇지 못하기 때문에 대형 재난사고가 일어난다는 것이다. 그리고 제도를 운용하는 개인 혹은 조직의 부패나 부실공사, 부주의나 과실, 관리소홀, 즉 인재(人災)가 언급된다. 한국의 후진적인 행정조직 및 위험관리체계가 사회를 위험에 빠트렸다는 논리이다. 이에 따른다면, 결국 재난관리의 체계화된 제도화만이 동시 다발적으로 발생하는 재난사고를 해소할 수 있는 해결책이 된다. 또한 재난관리의 실패 원인에 대한 파악과 행정적·기술적 안전대책의 강화가 있었음에도 불구하고 연이어 대형 재난사고가 터진다는 사실이 이러한 후진적 행정조직 및 관리체계의 문제로서 받아들여진다.

따라서 우리는 근대화의 이면적 측면을 자기반성하려는 위험사회론의 문제의식에 대해 고찰할 필요가 있다. 이러한 위험사회 테마가 갖는 보편성과 차이에 주목하여, 한국적 재난의 특성을 '이중적 복합위험사회(dual complex risk society)'라는 개념으로 접근하고자 한다.[100] 산업화와 정보화를 동시에 겪으면서 전통과 근대 그리고 탈근대를 동시에 경험하고 있는 우리 사회에 만연한 사고와 위험요소를 표현하고 부각시키는 데 '이중적 복합위험사회'의 적실성이 있다. 이 개념을 통해 우리는 예측 불가능한 환경과 재난의 위험 그리고 재난방지부분의 불충분한 투자, 열악한 재난관리수준 등에서 드러나는 한국 고유의 위험요소를 포착할 수 있다.

재난을 가져오는 위험사회 테마를 우리만의 고유한 위험요소들로서 고려하는 '이중적 복합위험사회'로 정리할 때 우리는 한국적 재난의 특징을 다음과 같은 몇 가지로 정리할 수 있다고 본다.[101]

첫째, 전후좌우를 골고루 살피지 않고 오로지 앞만 보고 질주하는 일면적인 사고방식이 우리 사회에 팽배하게 되었다. 사태의 불확실한 측면을 세심히 살피거나 남을 배려하는 관점을 견지하는 것이 아니라, 수단방법을 가리지 않고 목표를 성취하려는 태도가 부실을 가져오고 대형재난을 일으키는 원인이 되었다는 것이다.

둘째, 한국적 위험사회의 전형적인 또 다른 모습은 바로 '미래에 대한 무관심'이다. 압축적 근대화로 돌진한 한국사회의 주요 초점은 바로 현재의 성장이었다. 성장이라는 최우선적 목표를 성취하기 위해서는 우

---

100) 이중위험사회(dual-risk society)의 개념은 김대환이 1998년 계간사상 특집 「한국은 위험사회인가?」에 실은 논문 돌진적 성장이 낳은 이중위험사회에서 발전시키고 있다. 한편 장경섭은 한국사회가 전통, 근대, 탈현대가 복합적으로 얽혀 있는 현실에 착목하여 '복합위험사회'라는 개념을 발전시키고 있다. 장경섭(1998), 「복합위험사회의 안전권」, 서울: 서울대학교 출판부, pp.261-91.

101) 김대환(1998), 돌진적 성장이 낳은 이중 위험사회, 「계간사상」, 38(1), pp.32-45.

리의 현재의 모습이 단편적으로 관찰될 수밖에 없었다. 그러니 자연히 미래세대에 대한 관심은 상상조차 하기 힘들었다. 이러한 근본적인 인식의 결함이 있었기에 미래에 대한 투자라고 할 수 있을 안전사회부문에 대한 투자는 소홀하지 않을 수 없었다.

셋째, 극심한 환경의 오염이다. 생태계의 위기는 비교적 서구와 우리의 경험이 유사성을 많이 갖는 측면이라고 할 수 있다. 그만큼 생태계위기는 전 지구적이고, 전체 인류와 직결되는 성격을 갖는 것이다. 한국은 과학적 합리성을 앞세워 발전에만 몰두한 결과 이제는 다시 자연의 반격을 받는 '생태적 위험사회'가 도래하였다. 1998년 5월에는 오존주의보가 12차례나 발령되었다. 보통 1년의 기간에 발생하였던 수치이다. 다이옥신이 크게 문제가 되는 소각장문제도 그렇거니와, 우리나라에서 가장 심각한 문제는 바로 수질오염문제이다. 1990년에는 발암물질이라고 알려진 트리할로메탄이 수돗물에서 검출되었고, 1998년에 부산시 수돗물에서 장바이러스가 검출된 사건은 우리가 당면한 물위기의 심각성을 그대로 보여주고 있다.102)

마지막으로, 한국은 다양한 형태의 재난이 존재하는 것이 현실이다. 서해 페리호 침몰사건(1993), 충주호 유람선 화재(1994), 구포역 열차탈선사고(1993), 아현동 도시가스 폭발사고(1994), 대구지하철 가스폭발사고(1995), 성수대교 붕괴(1994), 삼풍백화점 붕괴(1995), 대한항공 여객기 괌 추락사고(1997), 씨랜드 참사(1999), 인천 호프집 화재(1999), 지리산 관광버스 전복(2000), 대구지하철 화재(2003) 등 우리의 기억 속에 남아 있는 대부분의 이러한 안전사고들은 모두가 '인재'였다. 대개는 우리의 '빨리 빨리', '앞만 보는'이라는 사고관 덕에 빚어진 참사들이었다. 이 역시 압축적 근대화 패러다임이 내장할 수밖에 없는 발전의 어두운 부분이며, 한국적 재난의 단면이라고 지적할 수 있을 것이다.

---

102) 김상종(1998), 물위기는 시작되었다, 「계간사상」, 가을호, 사회과학원.

2. 재난의 요인

이와 같은 우리나라의 재난발생의 원인과 현상들은 사회경제발전과정에서 자연히 발생한 것이 아니라 정부의 강력한 개입주의적 '관리국가'에 의한 부정적 형태로 나타나게 되었다는 것이다. 예를 들면, 1960년대 박정희 군사정권의 등장은 산업화가 시장의 자율적 기제에 따르지 않고 강한 국가의 주도로 계획적으로 추진되는 조건을 형성했다. 당시 박정희 정권은 경제, 교육, 법 등 사회 전 영역에 걸쳐 광범위하게 그리고 깊숙이 개입, 침투하여 계획하고 유인하였고 이 과정에서 부정적 형태의 재난요인의 내재 혹은 부정적 형태의 현상들이 발생했다. 이와 같은 부정적 형태의 행정적·정치적 요인을 정리하면 다음과 같다.

첫째, 압축적 근대화는 국가가 시장의 육성·지원을 위해 사회 전반에 대한 강력한 통제를 행사한 반민주적 개발독재에 힘입어 수행되었던 것이다. 강력한 통제의 반민주적 개발독재는 강력한 지도자의 결의에 따라 시장에 대한 체계적인 개입과 규제를 단행하는 것이다. 중앙정부는 부족한 시간과 가용자원을 확보하고 낭비를 방지하기 위해 국가와 대기업, 금융 간의 공적 관계뿐만 아니라 노동자, 심지어 언론도 국가의 정책목표와 지침에 따라 동원하고 통제했다. 그 결과 권력이 과도하게 중앙에 집중되어 중앙정부는 산업화의 관련된 거의 모든 영역에 개입하여 정책결정을 내렸으며, 대기업과 금융의 안정성도 중앙정부의 정치적 지시에 의해서만 보장될 수 있었다.[103]

둘째, 집중된 권력과 그에 기반을 둔 규제와 통제는 세계시장의 다국적 기업들과의 경쟁에서 열악한 경제적 조건을 극복하기 위해 저임금, 공기단축 등 비용절약의 위험성 높은 전략을 유도했다.[104] 이러한

---

103) 김대환(1998), 돌진적 성장이 낳은 이중위험사회, 「계간사상」, p.32 이하.
104) 이재열(1998), 대형사고와 위험: 일상화한 비정상, 「계간사상」, 38호, p.184 이하.

논리는 기업은 안전을 무엇보다도 비용으로 여기게 되며, 국가는 최단 시일에 선진국으로 진입하려는 속도효율에 집착하여 위험관리에는 상대적으로 소홀하였다.

셋째, 정부 내의 정책결정에 있어서 관료조직은 강압적 권력에 의해 시민사회의 감시와 견제로부터 보호되어 있었기 때문에, 관료들은 자신이 내린 결정이 미칠 부정적인 결과들을 심각하게 고려하지 않고 현재의 이익을 위해 결정을 내렸다. 따라서 이러한 관료조직의 사회 전반에의 개입은 수입규제, 수출촉진, 특정 산업의 보호 및 육성, 자본의 조달과 배분, 노동통제, 사회통제 등 여러 가지 정책의 단계별 결정과 집행 과정에서 각종 특혜와 부조리, 부패가 개입될 가능성을 잠재하고 있었다.[105] 더 나아가 국가는 조국근대화라는 국가주의적 공익의 이름으로 그들의 결정을 합리화했다. 그러나 시민들은 억압적 폭력에 의존한 정치로 인해 참여과정이 차단된 탓으로 국가 관료들에 의한 결정과정에 대해 잘 알지 못했으며, 그 결정에 따른 위험의 생산에 대한 올바른 정보를 얻을 수도 없었다. 그 때문에 피해가 있어도 그것을 공론장의 의제로 설정하기는 어려웠다.

넷째, 국민들은 이러한 강한 국가의 압축적 근대화과정에서 경제성장이 체계적으로 생산해내는 부정적 요인들을(위험) 근대화에 동반되는 필연적인 요소로 이해했다. 동시에 압축적 근대화는 강한 국가의 지배를 정당화하는 이데올로기로써 기능했다. 그 결과 경제성장과 기술적 진보는 좋은 것이라는 자기정체성이 전체 사회를 지배했고, 경제성장의 부산물로서의 위험성내재의 문제는 공개적 논쟁이나 비판의 대상이 될 수 없었으며 정치적 갈등의 중심에 서지도 못했다. 그리고 국민들은 국가를 통하지 않으면 어떤 문제도 해결되지 않는다고 믿었으며, 국가의 업무수행에 대한 저항은 불가능하다고 체념하고 수인하는 수동적 주체로 길들여졌다. 다시 말하면 국민의 의식에는 재난이란 불가항력적

---

105) 김병섭(1998), 부패와 위험사회, 「계간사상」, 38, pp.46-48.

이고, 따라서 그 대응 및 복구과정에 치중하는 정부의 재난대책이 합리화되고 재난인식의 중요성과 예방적 차원의 대책은 상대적으로 소홀하게 되는 것이다.

요약하면, 우선 압축적 근대화 패러다임이란 짧은 시간 동안의 경제적 성취를 위하여 강력한 국가가 지배자를 통해 국민의 자율과 참여는 배제한 채, 국민 대중을 동원한 발전모델이라고 할 수 있다. 이 패러다임은 필연적으로 인간의 삶의 질에는 큰 관심을 기울이지 않는다. 왜냐하면 국민들이 느끼는 행복감과 같은 삶의 질적인 측면들이 고려되고 측정되기 이전에 수치상으로 정해진 목표를 달성하는 것이 우선적 과제로 설정되기 때문이다. 이러한 논리와 상황에서 인간의 안전문제에 대한 인식은 낮은 단계에 머물러 있게 되고 사후의 대책에 치중하는 요인이 된다고 할 수 있다.

제2절 중앙재난관리체계

중앙재난관리체계는 우리나라에서 발생하는 재난에 관해 전체적·종합적으로 관리하는 기관들의 체계를 지칭한다. 논리적으로 이들 기관들은 재난의 인지부터 예측하고 대비하는 기능을 체계적으로 담당한다고 할 수 있다. 재난에 대한 체계적·종합적 정보의 수집과 정보의 판단을 통해 재난을 예측하고 대비하는 정책적 기능을 담당한다고 할 수 있다. 이러한 입장에서 재난관리체계의 상위기관들의 형성의 법적 토대 및 상황을 살펴보고 각각의 기관들의 역할을 검토한다.

1. 재난관리체계의 구조

1) 재난관리체계의 설계

우리나라의 위기관리는 위기유형별로 비군사정부 분야는 군사동원체계를 중심으로 비상기획위원회에서 주요 업무를 담당하고 있다. 그리고 평시 위기관리는 민방위체계와 재난관리체계를 중심으로 행정자치부에서 그 업무를 담당하고 있다. 군사 분야를 제외한 위기·재난관리체계의 법률구조는 「민방위기본법」과 「비상대비 자원관리법」, 「재난 및 안전관리 기본법」의 3원적 법체계로 이루어져 있다.[106)]

재난관리는 자연재난과 인위재난으로 구분하여 관리방식이나 그 관리 주체를 달리하는 방식을 채택했으며, 1990년대 이전까지는 자연재난에 비중을 크게 두었다. 이는 매년 반복해서 발생하는 자연재난에 의한 피해규모에 비해 인위재난에 의한 피해규모가 상대적으로 적었기 때문이다. 따라서 자연재난관리와는 달리 특별한 관리체계 없이 주로 행정자치부를 중심으로 민방위국·소방국에서 분담하여 왔다. 인위재난에 대해서는 교통안전, 건설안전, 노동 및 산업안전, 가스안전 등 해당 행위나 시설운용에 대한 사안별로 해당 관청에서 관장해 왔다. 그러나 서해 훼리호 침몰(1993년 10월 10일), 성수대교 붕괴(1994년 10월 21일), 충주 훼리호 침몰(1994년 10월 24일), 아현동 가스폭발(1994년 12월 7일), 대구지하철 가스폭발(1995년 4월 28일) 그리고 501명의 사망자가 발생한 삼풍백화점 붕괴사고(1995년 6월 29일) 등 다양한 인위재난사고가 발생하면서 국민들의 불안감이 증폭되기 시작하자 안전대책이 수립되기 시작하였다. 1993년에 국무총리 훈령 제280호 '재난의 예방·수습에 관한 훈령'의 제정으로 각종 시설에 대한 관리책임을 주무

---

106) 김열수(2005), 「21세기 국가위기관리체계론」, 서울: 도서출판 오름. p.51.

부처에 지정함으로써 인위재난에 체계적인 관리의 기반을 조정하기 시작하였다. 그리고 1995년 삼풍백화점 붕괴사고를 계기로 「재난관리법」을 제정하였다. 그 이후 2004년 3월 2일 소방방재청 신설을 주요 골자로 하는 정부조직법 개정안과 재난 및 안전관리기본법 제정안을 입법예고, 국회본회의 의결을 거쳐 2004년 3월 11일 본법을 공포하였으며, 2004년 6월 1일 소방방재청이 개청하게 되었다. 또한 재난 및 안전관리기본법의 제정에 맞춰 긴급구조 활동의 현장지휘에 관한 규칙을 '긴급구조대응 활동 및 현장지휘에 관한 규칙'으로 개정하였다.

제·개정된 「정부조직법」과 「재난 및 안전관리기본법」은 그동안 재난유형별로 다원화되어 있는 주요 기능을 통합한 국가통합재난관리체계 구축의 전환점이 될 것이라 판단된다. 그러나 외형상 통합은 되었다고 할 수 있을지 모르지만, 각 부처에 산발적으로 분산·관리되고 있는 재난관련 법령을 총괄·조정해야 하는 큰 어려움이 남아 있다는 것도 간과해서는 안 될 것이다.

2) 재난관리체계의 구성

2004년 3월 「재난 및 안전관리 기본법」이 통과됨으로써 재난관련 업무체계의 일원화를 통한 정책심의 및 총괄조정기능을 강화하고, 재난예방에 대한 인식제고 및 예방투자를 강화하며, 구조·구급 및 현장 수습 등 현장대응체계를 강화하고, 자치단체의 재난관리기능 및 민관 협조체계를 강화하며, 안전의식 제고를 위한 대국민 홍보 등 예방체계를 확립할 목적[107]으로 1실 3국, 17개과로 확대 개편된 소방방재청이 창설되었고, 중앙소방학교, 국립방재연구소, 중앙119구조대, 민방위교육관이 소방방재청 소속의 기관이 되었다. 그러나 자연재난 및 인위재난은

---

107) www.nema.go.kr/index.html

소방방재청이 재난관련 업무를 수행하나 사회재난, 특히 국가기반체계 마비에 대한 업무는 행자부에서 담당한다. 특히, 행자부는 소방방재청의 상급 중앙부서로서 재난관리에 대한 전반적인 책임을 진다.

(1) 행정자치부 재난관리기구 및 기능

행정자치부 민방위안전정책담당관실은 재난관리에 대한 전반적인 기능과 국가기반체계의 마비로 인한 사회적 재난과 관련된 업무를 수행한다. 전자의 기능은 민방위안전정책담당관실에서 수행하며, 후자의 기능은 기반체계보호담당관실에서 수행한다. 이들의 기능을 살펴보면 <표 11>와 같다.

〈표 11〉 행정자치부 민방위안전정책담당관실 및 기반체계보호담당관실의 기능

부서명	기　　　　　능	비　고
민방위 안전정책 담당관실	민방위법령 / 제도의 연구 / 개선에 관한 사항, 재난관련 법령 / 제도의 연구 / 개선에 관한 사항, 중앙민방위협의회의 운영에 관한 사항, 민방위업무에 관한 각 중앙행정기관의 업무조정에 관한 사항, 통합방위업무 지원에 관한 사항, 중앙안전관리위원회 및 조정위원회 / 분과위원회의 운영지원, 정부합동중앙수습지원단 및 해외재난대책지원단의 구성 / 운영에 관한 사항, 재난사태 선포 및 특별재난지역 선포의 건의와 예 / 경보에 관한 사항, 자연 / 인적재난 및 국가기반체계 보호 등과 관련한 동원명령, 물자 및 지정된 장비 / 인력의 지원요청 등에 데이터베이스 구축, 비상기획위원회 등 관련부처 협의 / 지원 등에 관한 사항, 국가안전관리기본계획 / 집행계획 및 시 · 도 안전관리계획 등 안전관리 집행계획의 보고 / 취합 / 관리, 의료 / 공중보건 재난 등 공공서비스 안전관리 협조 / 지원, 중앙재난안전대책본부 운영 등 소방방재청 소관 업무 협조 / 지원에 관한 사항, 테러대비에 관한 사항 등	

부서명	기 능	비 고
기반체계 보호 담당관실	국가기반체계(이하 기반체계보호에 관한 안전관리 기반체계로 표기)보호에 관한 통합지원계획의 수립 / 시행, 기반체계보호에 관한 안전관리 집행계획의 협의 / 조정, 기반체계보호에 관한 국가안전관리 기본계획 및 시 · 도 안전관리계획의 조정, 기반체계보호에 관한 시 · 도 안전관리 계획의 수립 및 지침의제정과 운영, 중앙행정기관 및 재난관리책임기관의 기반체계보호 안전관리집행계획의 보고 / 수리 / 관리, 기반체계보호 중앙안전관리위원회 분과위원회의 구성 / 운영, 기반체계보호에 관한 중앙재난안전대책본부의 구성 / 운영 및 지역대책본부장의 지휘지원, 기반체계마비 시 대응 / 수습 / 복구를 위한 중앙행정기관 간협의, 기반체계보호관련 재난사태 선포 및 특별재난지역 선포의 건의에 관한 사항, 국가기반체계보호 예 / 경보발령에 관한 사항, 기반체계에 관한 정부합동 중앙수습지원단의 구성 / 운영에 관한 사항, 재난수습을 위한 행정 / 재정상의 조치요구에 관한 사항, 분야별 / 단계별 대응안내서의 종합작성 / 유지 및 관리, 기반체계보호관리시스템에 대한 단계별 주기적 점검 / 평가 / 보완, 기반체계 재난상황실 운영	

자료: 김열수(2005), 「21세기 국가위기관리체계론」, 서울: 도서출판 오름, p.75.

민방위안전정책담당관실은 소방방재청 상위기관으로서의 업무와 안전관리위원회 운영지원, 정부합동중앙수습지원단 구성 및 운영, 재난사태 선포와 특별재난지역 선포의 건의 등 기능을 수행하고 기반체계보호담당관실은 사회적 재난을 담당한다.

(2) 소방방재청의 기구와 기능

소방방재청은 <그림 10>과 같이 조직된다.

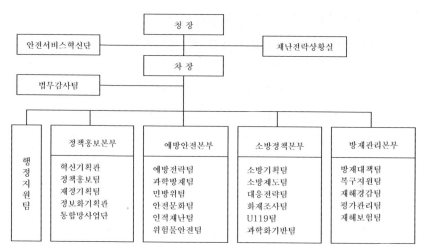

자료: 소방방재청 홈페이지 http://www.nema.go.kr(2006. 11. 16. 검색)

〈그림 10〉소방방재청 기구표

소방방재청은 4본부 2관 1실 22팀과 네 개의 소속기관에 본청 307
명, 소속기관 168명 등 475명이 근무하고 있으며,「재난 및 안전관리기
본법」등 12개 법률의 집행을 통해 각종 재난으로부터 국민의 생명과
재산을 보호하는 국가재난관리 업무를 중추적으로 수행하고 있다.[108]

3) 안보관련 재난체계의 구성

(1) 민방위체계

한국의 중앙민방위업무는 최초 민방위 본부에서 시작하여 민방위재
난통제본부를 거쳐 2004년 현재는 소방방재청과 행정자치부 민방위 안
전정책담당관실에서 담당하고 있다. 그러나 민방위에 관한 지휘·감독,

108) 소방방재청 홈페이지 http://www.nema.go.kr

검열, 훈련 및 동원 등에 관한 실질적 권한은 소방방재청장이 가지고 있고 민방위안전정책담당관실은 법령 및 제도에 관한 지원업무만을 담당한다.[109]

민방위대는 20세가 되는 해의 1월 1일부터 45세가 되는 해의 12월 31일까지의 대한민국 국민인 남자로 조직한다.[110] 민방위대는 평상시에는 거동수상자 및 민방위 사태 등의 신고망 관리·운영, 경보망 관리와 경보체계 확립, 공동지하양수시설·대피소·대피지역 및 통제소의 설치·관리, 민방위를 위하여 필요한 물자의 비축, 등화·음향관제의 훈련, 자체시설의 보호, 소방 및 화생방오염방지장치의 설치·관리, 민방위교육훈련, 기타 민방위사태 예방에 관한사항 등의 임무를 수행하고, 민방위사태가 발생하였거나 발생할 우려가 있는 경우는 경보 및 대피, 주민통제 및 소산, 교통통제 및 등화관제, 소화 활동, 인명구조 및 의료 활동, 불발탄 등 위험물 사전점검 및 경고, 파손된 중요 시설물의 응급복구, 민심안정을 위한 계몽 및 승전의식의 고취를 위한 주민 지도, 적 침공 시 군사작전에 필요한 물자 운반 등 노력지원, 기타 민방위사태를 수습하기 위하여 필요한 사항 등 임무를 수행한다.

(2) 국가안전보장회의

현재 국가안전보장회의의 조직은 2003년 3월 「국가안전보장회의 운

---

109) 「민방위 기본법」제20조, 제21조, 제22조와 행정자치부 민방위안전정책담당 관실 공무원 인터뷰 내용을 정리함.

110) 다만, 국회의원·지방의회의원·교육위원회의 교육의원·경찰공무원·소방 공무원·교정직공무원·소년보호직공무원·군인·군무원·향토예비군·등 대원·청원경찰·의용소방대원·주한외국군부대의 고용원·원양어선 또는 외항선의 선원으로 연 6개월 이상 승선하는 자, 도서·벽지교육진흥법 제 2조의 규정에 의한 도서벽지에서 근무하는 교원·현역병입영대상자(공익근 무요원소집대상자를 포함한다), 기타 대통령령이 정하는 학생·공공직업 능력개발훈련생·심신장애인과 만성허약자를 제외한다<개정 1979. 12. 28, 1981. 3. 27, 1988. 12. 31, 1995. 8. 4, 2000. 1. 12>.

영 등에 관한 규정」(대통령령 제17944호)의 개정을 통해 이루어졌다. 국가안전보장회의는 국가안전보장에 관련되는 대외정책·군사정책과 국내정책 수립에 대하여 대통령의 자문에 응하기 위해 조직되었다. 회의는 대통령·국무총리·통일부장관·외교통상부장관·국방부장관 및 국가정보원장과 대통령령이 정하는 약간의 위원(대통령비서실장, 사무처장, 사무차장)으로 구성되어 있으며 의장은 대통령이다. 의장은 필요 시 관계부처의 장, 비상기획위원회 위원장, 합동참모 회의의장 기타의 관계자를 회의에 합석하여 발언하게 할 수 있다. 또한 국가안전보장회의는 회의에서 위임한 사항을 처리하기 위하여 '상임위원회'와 회의의 사무를 처리하기 위한 '국가안전보장회의 사무처'를 두고 있다. 국가안전보장회의의 기구표는 <그림 11>과 같다.

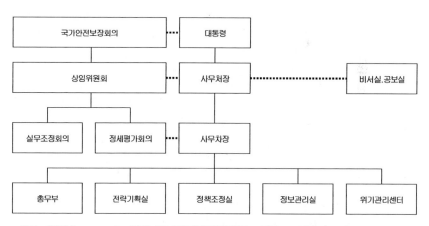

자료: 김열수(2005), 「21세기 국가위기관리체계론」, 서울: 도서출판 오름, p.62.

〈그림 11〉 국가안전보장회의(NSC)

국가안전보장회의는 위기관리와 범정부 차원의 국가안전보장 총괄 조정의 기능을 맡고 있다. 이를 세부적으로 살펴보면 국가안전보장회의는 통일·외교·국방 분야 정책현안을 국가전략 및 범정부 차원에서 기획·조정·통합함으로써 국가안보정책의 방향과 일관성을 확보하고 대형재난에서부터 테러, 군사적 충돌 등 국가위기를 관리하는 역할을 하고 있다.

국가안전보장회의 주요 조직의 기능은 <표 12>와 같다.

〈표 12〉 국가안전보장회의 주요 조직의 기능

구 분	업 무 분 장
전략기획실	국가안보전략의 기획 및 수립 한반도 평화체계 및 군비통제에 관한 정책 기획 타 국가 및 국제기구와의 안보협력 정책 기획 군사력 건설방향 등 중장기 안보정책 기획 자문기구 운영, 지원 및 중요 사안 기획관련 임시조직의 구성
정책조정실	상호 연계된 통일, 외교, 국방 분야 현안업무의 조정 안보회의, 상임위원회, 실무조정회의 운영 및 지원 안보관련 주요 대외현안에 대한 부처 간 협의체 운영 안보회의 / 상임위원회 심의사항에 대한 이행상황 점검, 평가 정상외교 관련 기획 및 조정
정보관리실	정보관련 국가정보능력의 개선에 관한 사항 안보관련 정보의 종합 및 판단 안보관련 정보의 전파, 공유 등 운영 전반에 관한 사항 정세평가회의 운영
위기관리센터	각종 위기의 예방 및 관리체계에 관한 기획, 조정 전시 국가지도에 관한 사항 긴급사태 발생 시 상황전파 등의 초기 조치 국가재난관리체계의 종합 조정 상황실 운영 및 유지

자료: 「국가안정보장회의 운영 등에 관한 규정」제15조-21조.

2. 재난관리체계의 기능

1) 재난의 예방과 대비

재난관리책임기관의 장은 소관 분야에 대하여, 재난에 대응할 조직의 구성 및 정비, 재난의 예측과 정보 전달체계의 구축, 재난발생에 대비한 교육훈련과 재난관리예방에 관한 홍보, 재난발생 위험이 높은 분야에 대한 안전관리체계의 구축 및 안전관리규정 제정·정비·보완, 특정 관리대상 시설의 지정, 관리 및 정비, 물자 및 자재의 비축, 재난방지시설의 정비와 장비 및 인력의 지정 등의 조치를 취하고 그 결과를 소방방재청장에게 보고 또는 통보해야 한다. 소방방재청장은 관계 재난관리책임기관의 장에게 시정조치나 보완을 요구할 수 있으며, 지방자치단체에 대해 예방에 필요한 조치를 위해 지원과 지도를 할 수 있다.

소방방재청장은 대규모의 재난발생에 대비한 단계별 예방·대응·복구과정과 재난관리책임기관의 재난대응조직의 구성 및 정비실태 그리고 안전관리체계 및 안전관리규정을 평가할 수 있다. 또한 소방방재청장과 재난관리책임기관의 장은 긴급안전점검을 실시하여 시설 및 지역의 소유자·관리자·점유자에게 필요한 안전조치를 취할 것을 명할 수 있으며, 재난예방을 위해 긴급하다고 판단될 경우 사용을 제한하거나 금지시킬 수 있다.

또한 소방방재청장은 안전관리 전문기관에 대해 주요시설물의 설계도 등 필요한 자료를 요구할 수 있으며, 재난예방을 위한 교육훈련과 홍보를 실시하도록 규정되어 있다.

2) 재난대응

중앙본부장은 중앙위원회 심의를 거쳐 재난사태 선포 대상지역이 3개 시·도 이상인 경우에는 국무총리에게 재난사태를 선포할 것을 건의하고, 대상지역이 2개 시·도 이하인 경우에는 직접 선포할 수 있다.

재난사태가 선포되면 중앙본부장 및 지역본부장은 재난경보의 발령, 인력, 장비 및 물자의 동원, 위험구역 설정, 대피명령, 응원 등 응급조치와 당해 지역에 소재하는 행정기관 소속 공무원의 비상소집, 당해 지역에 대한 여행 자제 권고 등의 조치를 취할 수 있다.

소방본부장은 또는 소방서장 등 지역통제단장(시·도 긴급구조통제단 및 시·군·구 긴급구조통제단)과 시장·군수·구청장은 수방(水防)·진화·구조·구난을 위해 ① 경보의 발령 또는 전달이나 피난의 권고 또는 지시, ② 수방·지진방재 및 그 밖의 응급조치와 구호, ③ 피해시설의 응급복구 및 방역과 방범, 그 밖의 질서유지, ④ 긴급수송 및 구조수단의 확보, ⑤ 급수 수단의 확보, 긴급피난처 및 구호품의 확보, ⑥ 현장지휘통신체계의 확보 등 조치를 취한다. 단 지역통제단장은 ②항 중 진화에 관한 조치와 ④항, ⑥항의 응급조치만 할 수 있다.

중앙본부장 및 지역본부장은 재난에 관한 예보·경보·통지나 응급조치를 실시하기 위해 필요한 경우에는 전기통신시설의 우선사용을 요청하거나 방송사업자에 대해 필요한 정보의 신속한 방송을 요청할 수 있다.

긴급구조에 관한 사항의 총괄·조정, 긴급구조기관[111] 및 긴급구조기관[112]이 행하는 긴급구조 활동의 역할 분담 및 지휘통제를 위하여 소

---

111) 긴급구조기관은 소방방재청, 소방본부, 소방서를 말하며, 해양에서의 재난일 경우에는 해양경찰청 및 해양경찰서를 말한다.

112) 긴급구조지원기관은 ① 국방부, 과학기술부, 산업자원부, 정부통신부, 보건복지부, 환경부, 건설교통부, 경찰청, 기상청, 산림청, 해양경찰청, ② 탐색구조부대와 국방부장관이 긴급구조지원기관으로 지정하는 군부대, ③적십자사, ④ 종합병원과 응급의료기관, ⑤ 전국재해구호협회, ⑥ 긴급구조기

방방재청에 중앙긴급구조통제단을 두고, 지역별 긴급구조에 관한 사항의 총괄·조정, 해당 지역에 소재하는 긴급구조기관 및 긴급구조지원기관 간의 역할 분담과 재난 현장에서의 지휘·통제를 위하여 시·도의 소방본부에는 시·도 긴급구조통제단, 시·군·구의 소방서에는 시·군·구 긴급구조통제단을 둔다. 소방방재청장, 소방본부장 그리고 소방서장이 각 통제단의 단장이 된다.

지역통제단장은 긴급구조를 위해, 긴급구조지원기관 간의 공조체계를 유지하기 위해 관계기관·단체의 장에게 소속직원의 파견을 요청할 수 있으며, 긴급구조지원기관의 장에게 소속 긴급구조지원요원을 현장에 출동시켜 줄 것을 요청할 수 있다. 민간긴급조치기관이 참여할 경우에는 경비의 전부 또는 일부를 지원할 수 있다.

재난 현장에서의 긴급구조 활동의 지휘는 시·군·구 긴급구조통제단장이 행한다. 현장지휘는 ① 재난 현장에서의 인명구조, ② 긴급구조기관 및 긴급구조지원관의 인력 및 장비의 배치와 운용, ③ 추가 재난의 방지를 위한 응급조치, ④ 긴급구조지원기관 및 자원봉사자 등에 대한 임무의 부여, ⑤ 사상자의 응급처치 및 의료기관으로의 이송, ⑥ 긴급구조에 필요한 물자의 관리, ⑦ 현장접근통제, 현장주변의 교통정리 등이다. 필요시에는 시·도 긴급구조통제단장이나 중앙통제단장이 현장지휘를 할 수도 있다. 통제단장은 재난 현장에 현장지휘소를 설치·운영할 수 있으며 긴급구조지원기관은 연락관을 파견해야 한다.

긴급구조기관의 장은 재난이 발생할 경우 긴급구조기관 및 긴급구조지원기관이 신속하고 효율적으로 긴급구조를 실시할 수 있도록 재난의 규모 및 유형에 따른 긴급구조대응계획을 수립·시행해야 한다.

관과 긴급구조 활동에 관한 응원협정을 체결한 기관 및 단체, ⑦ 그 밖에 긴급구조에 필요한 인력과 장비를 갖춘 기관 및 단체로서 행자부령이 정하는 기관 및 단체 등이다.

3) 재난복구

중앙본부장은 중앙위원회의 심의를 거쳐 특별재난지역으로 선포할 것을 대통령에게 건의하고 대통령은 당해지역을 특별재난지역으로 선포할 수 있다. 특별재난지역으로 선포되는 응급대책 및 재난구호와 복구에 필요한 행정, 재정, 금융, 의료상의 특별지원을 받을 수 있다.

국가는 복구비용의 전부 또는 일부를 국고에서 부담하거나 지방자치단체와 그 밖의 재난관리책임자에게 보조할 수 있다. 재난복구비용의 재원은 국고부담금 또는 보조금과 지방자치단체의 부담금·의연금 등으로 충당한다. 국가 및 지방자치단체는 이재민의 생계안정을 위하여 이재민 구호, 중·고등학생 학자금 면제, 농림어업자금의 상환기간 연기 및 그 이자의 면제, 정부양곡의 무상지급 등 지원을 한다. 지방자치단체는 재난관리에 소요되는 비용을 조성하기 위해 최근 3년 동안의 지방세법에 의한 보통세의 수입 결산액의 평균연액의 100분의 1에 해당하는 금액을 적립한다.[113)

제3절 지방재난관리체계

제3절에서는 재난관리가 실제로 이루어지는 지방정부 차원의 관리체계를 고찰한다. 논리적으로 보면 주로 재난의 예측과 재난관리를 위한

---

113) 예로써 경상남도의 2003년도 지방세 총액은 1조 5,022억 3,700만 원이다. 이 중 재난관리에 소요되는 비용을 위한 비축액은 150억 2,237만 원이 될 것이다.

판단을 통해 재난에 관한 정책의 형성이 중앙정부 차원에서 이루어진다면 지방정부 차원에서는 구체적으로 재난의 발생으로부터 대응하고 복구하는 단계를 담당한다고 할 수 있다. 이와 같은 구체적인 재난의 대응과 복구과정은 상당히 복잡한 기관 간의 협조와 지원이 전제되어야 하는 문제가 있다. 또한 재난의 성격에 따라서 이러한 기관 간의 협조와 지원이 구별될 수 있다고 할 것이다. 이러한 맥락에서 우선 재난관리에 있어서 중앙정부와 지방정부의 역할관계를 검토하면서 기관 간의 역할과 현실의 실태를 고찰한다.

1. 재난관리체계의 구조

1) 재난관리체계의 설계

우리나라 헌법 제117조는 "지방자치단체는 주민의 복리에 관한 사무를 처리하고……"라고 규정하여, 지방자치단체(지방정부)의 존립목적이 주민복리에 관한 사무의 처리에 있음을 명백히 하고 있다.

주민복리는 주민의 모든 일상생활과 관련된 것으로서, 그 내용은 광범위하고 지역에 따라 그리고 개인에 따라 다르게 나타날 수도 있다. 그러나 주민복리의 일반적인 내용은, 첫째로 주민의 경제적으로 풍요하고 평등한 생활, 둘째로 사회적으로 문화적이고 인간다운 생활, 셋째로 환경적으로 편리하고 위생적인 생활을 영위하는 것이다.

이러한 주민복리의 중점도 시대에 따라 변한다. 즉 과거에는 주민복리를 주로 경제 면에 치중하였으나 경제성장이 어느 정도 이루어진 오늘날에는 복리의 중점이 점차적으로 사회적인 측면과 환경적인 측면으로 옮

기는 경향이 있다. 그리하여 오늘날에는 주민생활에 관하여 GNP와 같은
경제적 지표(economic indicator) 외에, 교육·보건·주택 등 사회적 지표
(social indicator)와 편리·쾌적·안전 등 환경적 지표(environmental
indicator)를 설정하고, 또한 주민생활의 최저수준을 의미하는 시민적 최
저수준(civil minimum)을 설정하여 지방 사무를 처리하고 있다. 이러한
주민생활에 관한 지표나 최저수준이라는 것은 결국 사회의 행정수요
(service needs)와 관련되는 것으로서 지방자치행정이란 주민생활에서 일
어나는 사회적 수요에 대한 공공적 대응을 의미하는 것이다.[114]

현대 지방자치에 있어서 지방자치단체가 처리하는 사무의 범위는 매
우 광범위하고 그 내용 또한 복잡하다. 그것은 복지국가·봉사국가·
직능국가적 특징을 가지고 있는 현대국가에 있어서는 중앙정부와 지방
정부는 이른바 '요람에서 무덤까지' 국민과 주민의 거의 모든 생활을
보호·규제하고, 분배·급부하며, 중재·조정하고, 안내·촉진하고 있
기 때문이다. 오늘날 지방정부는 주민에 대한 서비스를 제공할 뿐만
아니라, 지역의 발전과 진흥을 위하여 많은 일을 하고 있으며, 중앙정
부 또는 광역자치정부로부터 많은 사무를 위임받아서 처리하고 있다.
<표 13>은 지방자치법에 예시된 지방정부의 사무현황이다.

〈표 13〉 지방자치법에 예시된 지방정부의 사무현황

분야별	자치사무 예시내용	종목 수
6대 분야		57개 종목
행정관리 분야	지방의회 운영, 지방조직·인사, 호적 및 주민등록 등	11종
복지증진 분야	주민복지, 보건진료, 질병 예방·방역 등	10종
산업진흥 분야	농림·축·수산물, 중소기업 육성, 지역산업 육성 등	14종
지역개발 분야	지방 토목·건설사업, 상하수도, 재해대책 등	15종
교육예술 분야	각종 학교운영, 문화시설 관리, 지방문화·예술 진흥 등	5종
민방위·소방 분야	민방위조직 운영, 화재예방 및 소방	2종

자료: 법제처(1990), 「대한민국 현행법령집 10권」, 서울: 한국법제연구원, pp.107 - 127.

---

114) 최창호(2001), 「지방정부기능론」, 서울: 삼영사, p.27.

<표 13>과 같이, 지방자치법 제9조 제1항은 "지방차치단체는 그 관할구역의 자치사무와 법령에 의하여 그 단체에 속하는 사무를 처리한다"고 규정하고, 동조 제2항에서 6대 분야 57종목의 사무를 예시하고 있으며 재난관리도 그중 하나의 사무 분야인 것이다.

(1) 지방정부 재난관리의 중요성

본격적인 지방자치시대가 도래하여 지방정부의 행정사무 분야에서 재난관리는 더욱 중요하게 되는데 이와 같이 재난관리가 지방정부의 행정 부분에서 중요하게 여겨지는 이유는 크게 다음과 같은 두 가지를 들 수 있다.

첫째, 지방정부는 행정조직의 최일선에서 실질적인 주민의 인명과 재산을 보호해야 하며, 또한 재난발생의 현장에서 가장 가까운 위치에 있기 때문이다. 즉 재난에 있어서 지방정부의 재난관리행정은 실질적인 운영을 담당하는 일선 책임기관인 것이다.[115]

따라서 효과적인 재난관리행정에 대한 책임은 대부분이 중앙정부보다는 지방정부에게 주어지게 된다. 특히, 지방자치제의 실시로 인하여 지역주민들은 지방정부에 대하여 자신들이 안전한 환경 속에서 안전한 삶이 영위되도록 재난위험요소를 제거해줄 것을 요구하고 있기 때문이다.

또한, 지방자치시대에 있어서 지역개발이 지방정부의 책임하에서 이루어지고 있고, 지방정부는 지역주민의 행정편의를 주민의 곁에서 제공하는 것이기 때문에 앞으로 무분별한 지역개발사업으로 인한 재난의 발생은 지방정부의 책임이 될 것이다. 그러므로 근본적으로 지역사정을 잘 파악하고 지역주민의 복지와 삶의 질을 위협하는 각종 재난위험요인을 감소시키는 일차적 역할을 지방정부가 담당하여야 할 것이다.

115) Alleln K. Settle(1985), Financing Dissaster Mitigation, Preparedness, Response and Recovery, public Administration Review45, p.102.

둘째로, 지방정부가 재난관리행정을 보다 적극적으로 추진하는 또 다른 근본 이유는 재난이 발생하면 지방정부가 지불하여야 할 비용이 급격히 증가한다는 것이다. 재난은 피해지역에 엄청난 경제적 충격을 가져온다. 지방정부의 재정은 법정채무의 증가, 복구비 중 지방비 분담 비율의 증가, 보험금의 증가로 이어져 재정적 압박을 가하게 될 것이고, 궁극적으로는 예기치 못한 경제적 위기 상황으로 전개될 수도 있기 때문이다.

2) 재난관리체계의 구성

(1) 지방정부의 재난관리와 책임

지방자치시대에서의 자치권은 해당 지방정부의 장에게 있기 때문에 재난관리를 위한 권한과 책임 또한 자치단체장에게 있다.[116) 따라서 주민의 직접선거에 의해 자치단체장이 선출되고, 선출된 자치단체장에게 지방행정 전반에 대한 책임이 부여되고 있다. 또한, 중앙정부의 권한이 지방정부로 이양될수록 책임도 함께 이양되는 것이므로 재난관리에 대한 책임 역시 지방정부가 책임을 지고 재난관리행정을 수행하여야 한다. 재난 및 안전관리기본법 제3조 제2항은 지방정부에 대한 재난관리에 있어서의 책임을 명확히 규정하고 있다. 즉 "특별시·광역시·도와 시·군 및 자치구는 재난으로부터 주민의 생명과 재산을 보호할 책무를 지며, 관할 지역에 있어서의 재난관리에 관한 계획을 수립하고 이를 시행하여야 하며 국가에 있어서와 같이 재난관리를 위한 재정상의

---

116) Tom Durham and Lacy E. Suiter(1991), Perspective and Roles of the State and federal Governments, In Emergency Management: Principles and Practices for Local Government, Washington, D.C.: International City Management Association, p.101.

조치를 취할 책임이 있다"라고 규정하고 있다.

이를 위해, 같은 법 제18조에서는 "각급 재난관리책임기관의 장(지방정부 포함)에게 재난의 발생을 사전에 방지하기 위해 재난의 예방·예보 및 정보전달 체계의 구축, 재난발생에 대비한 교육·훈련, 재난발생의 위험이 높은 분야에 대한 안전관리체계의 구축 및 안전관리규정의 제정, 재난발생의 위험이 높은 재난위험시설 및 지역의 지정·관리, 기타 재난예방에 필요하다고 인정하는 사항"에 대한 조치를 취할 책임을 규정하고 있다.

또한, 같은 법 제19조 및 제20조에서는 안전관리체계 및 안전관리규정 그리고 재난위험시설을 수시로 정비·보완하고 재난발생 시의 위험성을 해소하기 위한 장·단기계획의 수립과 시행 조치할 책임이 있으며, 필요하다고 인정할 경우 당해 기관의 장에게 시정조치나 보완을 요구할 책임 또한 규정하고 있다.

같은 법 제25조와 제26조에서는 시장·군수·구청장을 본부장으로 하는 지역긴급구조통제단을 설치할 책임과 긴급구조구난대책의 총괄·조정, 긴급구조기관 간의 역할분담, 긴급구조기관이 행하는 긴급구조활동의 지휘·통제 등에 관한 업무를 이행함으로써 주민의 생명과 재산을 보호할 책임을 규정하고 있다.

같은 법 제43조에서는 지방정부 관할 구역에서 재난이 발생하거나 발생할 우려가 현저한 때에는 재난의 예방 또는 수습에 필요한 조치를 효과적으로 수행하기 위하여 시·군·구 사고대책본부를 설치할 책임이 있으며, 같은 법 제44조에서는 지역사고대책본부의 효율적인 재난의 수습이 이루어지도록 지방행정기관의 장과 재난관리책임기관의 장에게 행정 및 재정상의 조치와 소속 직원의 파견 그리고 필요한 업무협조를 요청할 책임을 규정하고 있다.

이와 더불어, 재난 및 안전관리기본법은 지방정부의 책임과 더불어 국가와 국민의 책임에 대하여도 언급하고 있다.

우선, 재난 및 안전관리기본법 제3조 및 제5조에서는 국가는 재난을 예방하고 발생할 우려가 있는 재난을 신속히 수습·복구하기 위한 계획을 수립하고 시행하여야 하며 이를 위한 재정상의 조치를 강구할 책임을 규정하고 있다. 이러한 재정상의 조치는 재난관리를 위한 예산상의 조치들로서 재난관리를 위한 돌발적인 재난에 대비하기 위하여 예비비를 확보하는 등의 조치를 의미한다. 이를 위해 같은 법 시행령 제4조에서는 국가는 지방자치단체에 대하여 지방자치단체의 재난 수습 및 복구업무에 소요되는 경비의 전부 또는 일부를 국고에서 보조할 수 있게 하여 지방정부가 재난의 예방 및 수습 복구에 재정상의 어려움으로 인하여 재난관리를 소홀히 하는 일이 없도록 할 책임을 규정하고 있다. 다시 말해서, 긴급구조구난 활동에 소요되는 경비, 부상자의 치료비, 재난수습기간 중의 이재민 구호비용, 피해시설의 복구업무에 소요되는 경비 등에 충당되는 비용을 국고보조금으로 지원할 책임을 가지고 있다.

이와 마찬가지로, 재난 및 안전관리기본법 제4조에서는 국민의 책임에 대하여 언급하고 있는데 이는 중앙정부와 지방정부 그리고 국민이 혼연일체가 되어야만 재난관리가 효율적으로 이루어질 수 있다는 점에서 국민은 중앙정부 및 지방정부가 수행하는 재난관리업무에 최대한 협조할 책임을 부여하고 있다.

2. 재난관리체계의 기능

1) 지방정부의 재난관리역할

우리의 일상적인 생활 속에서 발생하는 대부분의 재난은 지방정부의 영역 내에서 발생하고 수습된다. 그렇기 때문에 지방정부야말로 재난관리의 최일선에 위치하고 있고, 주민들로부터 재난에 대응할 일차적 역할을 할 것이 요구되기 때문에 재난상황들을 직접적으로 다루게 된다.

그러므로 시민들은 재난발생 시에 가장 먼저 자신들이 속해 있는 지방정부가 재난에 대해 시기적절하고 보다 잘 조정된 포괄적인 대응을 해주도록 기대하고 의존하게 된다.

따라서 지방정부는 재난의 효과적인 관리를 위하여 중앙정부 및 민간단체와 다른 역할을 수행하게 되는데 그 역할을 살펴보면,

첫째, 지방정부는 재난 활동의 전 과정에서 주체적이고 주도적인 역할을 담당한다. 중앙정부는 재난발생 후 대응과 복구 활동 등에 필요한 막대한 재원을 보유하고 있기 때문에 재난관리행정 집행에 있어서는 직접적인 활동 주체로서뿐만 아니라 지원기관으로서의 역할까지 수행하지만 지방정부는 재난의 발생을 억제하거나 예방을 하는 재난의 예방 및 완화과정과 재난발생 시에 대비한 비상계획이나 경보체계 등을 정비 혹은 설치하는 재난의 대비 및 계획과정을 직접 실시하는 주체로서의 역할을 수행한다.

또한, 재난복구과정에서 재난의 피해자이면서 동시에 복구의 주체자로서 역할을 하게 된다. 이러한 과정에서 지방정부는 인접 지방정부와의 협조를 통해 재난관리에 필요한 인적·물적 자원을 조달하거나, 상급 지방정부나 중앙정부에 대해 원조를 요청하기도 한다. 이처럼 지방정부는 재난관리행정의 전 과정에 걸쳐 일차적이고 실질적인 역할을 수행하는 주요 재난 활동 주체자의 역할을 하게 된다.

둘째, 지방정부는 재난관리에 있어서 조정의 역할을 담당한다. 재난관리행정에 있어서 일련의 과정인 예방 및 완화, 대비 및 계획, 대응, 복구과정을 수행할 때에는 재난관련 기관·단체가 참여하게 되는데 이때 지방정부는 각급 재난관련기관의 의견을 들어 가장 합리적으로 재난관리행정을 수행하기 위하여 조정의 역할을 수행하게 된다.

지방정부의 조정의 역할은 특히 지방정부 관할 구역에서 재난이 발

생할 경우 그 진가를 발휘하게 된다. 재난이 발생하면 그 지역에 많은 인적·물적 자원이 일시에 집중적으로 투입하게 되는데 이때 수습과정의 우선순위를 선정하여 소방, 경찰, 군 등 재난책임기관과 적십자사, 민간구조단체 등 민간사회단체 및 자원봉사자 등과 협의·조정하는 역할을 담당하게 된다.

또한, 지방정부는 재난이 발생하기 이전에 조직 간의 협의와 조정을 통하여 기관별 담당역할을 사전에 지정하고 숙지해놓아야만 재난발생시 효과적인 재난관리를 할 수 있다.

2) 재난관리에 있어 중앙정부와 지방정부의 역할관계

지방자치제가 시작되면서 지방정부의 재난관리에 대한 책임과 역할에 있어서도 많은 변화를 가져왔다. 즉 재난이 발생할 경우 중앙정부가 개입하여 많은 지원과 원조를 해주는 것은 분명하지만 이것이 지방자치시대에 있어서의 책임의 차원이 아니라 지원·원조·구호 차원이 된다는 것이며, 재난관리에 대한 실질적인 책임을 지방정부가 지게 된다.[117]

이러한 재난관리는 단순한 행정관리과정이 아니라 수평·수직적인 기관과 조직들이 서로 연계성을 가지면서 이들의 종합적이고 체계적인 활동을 통하여 이루어진다. 재난관리가 효과적으로 이루어지기 위해서는 재난관리의 여러 과정 중 재난발생 전 과정인 예방 및 완화와 대비 및 계획과정에 중점을 두어야 하고, 이에 대한 정책적 지원체제가 충분해야 할 뿐만 아니라 일단 재난이 발생하게 되면 재난관리조직 간의 응급대응과 복구에 철저를 기하여야 한다.[118]

---

117) 주효진(1999), 「인위재난관리의 효과성 제고에 관한 연구: 재난관리과정 분석을 중심으로」, 영남대학교 대학원, 석사학위논문, p.24.
118) 박형균(1996), 「지방정부의 위기관리행정에 관한 연구」, 동국대학교 대학원 박사학위논문, p.39.

재난관리에 있어서 중앙정부와 지방정부는 모두 참여하게 된다. 재난에 대한 책임은 중앙정부와 지방정부 모두 공통적이지만 역할과 입장은 독자적인 입장을 갖게 된다. 따라서 재난관리행정의 모든 과정이 원활히 이루어질 수 있도록 중앙정부와 지방정부의 역할분담이 이루어져야 한다. 이러한, 중앙정부와 지방정부의 역할분담은 그 역할수행에 적합한 구조를 가져야 하고, 이러한 조직들은 하나의 명령체계하에서 통합 관리되어야 한다.

재난의 규모에 따라 지방정부는 원칙적으로 그 지역에서 발생한 재난에 대한 일차적인 책임을 갖고, 지방정부의 대처능력범위를 벗어나는 피해의 정도가 광범위하고 심각한 재난에 대해서는 중앙정부가 지원을 하는 역할분담의 구조가 확립되어야 한다.

제4절 우리나라 재난관리체계의 특징

가장 최근(2004년)에 제정된 「재난 및 안전관리 기본법」은 과거의 재난관리법이 우리나라의 재난의 특성을 반영하지 못하고 있으며 따라서 재난의 인식으로부터 복구에 이르기까지의 문제해결에 한계가 심각함을 비판하면서 입법되었다. 제4절에서는 새로 제정된 법이 종래의 법과 어떠한 차별성[119]이 있는지를 검토하면서 현재의 우리나라의 재난관리체계의 특징을 살펴본다.

---

119) 행정자치부 국가재난관리시스템기획단에서 작성한 「재난 및 안전관리 기본법」 설명자료(2003년 11월)를 참고.

첫째, 재난의 개념, 관리체계의 개편

① 재난의 개념을 새롭게 정립했다는 점이다. 기존의 자연재난 개념과 기존의 인적재난 개념 그리고 국가기반체계 마비 등 사회적 재난을 아울러 새로운 재난의 개념을 정립했다.

② 국가안전관리체계를 개편했다는 점이다. 국가재난관리체계를 일원화하기 위해 기존의 재난관리법에 의한 중앙안전대책위원회와 자연재난대책법에 의한 재해대책위원회를 통합하여 중앙안전관리위원회로 통합했으며 기존의 중앙재해대책본부와 중앙사고대책본부를 통합하여 중앙안전대책본부로 일원화했다. 또한 소방방재청장을 단장으로 하는 중앙긴급구조통제단을 설치함으로써 긴급구조를 위한 일사불란한 지휘가 가능하게 되었다.

③ 중앙수습지원단을 구성할 수 있는 법적 근거를 마련했다는 점이다. 대규모 사고의 신속한 수습과 대구지하철 사고처럼 사고수습에 경험이 적은 일선 지방자치단체의 초동대처가 미흡하여 오히려 유가족과 대책본부 간의 갈등을 증폭시킬 수 있는 문제가 있었다. 그러나 2004년 새로운 법이 제정됨으로써 중앙수습지원단을 구성해서 운영할 수 있는 법적 근거를 마련했다.

④ 소방방재청이 재난관리 관련 전문기관과의 연계성을 확보했다는 점이다. 재난관리전문기관은 소속 중앙부처의 지도감독을 받고 있으나 소방방재청장은 재난관리 주무기관으로서 우리나라 안전 분야에 대한 총체적인 안전대책을 추진해야 하므로 관련 재난관리전문기관에 대해 자료협조를 요청할 수 있고 긴급안전점검을 실시할 수도 있으며 재난관리책임기관의 장에게 긴급안전점검을 실시하도록 요구할 수 있게 되었다.

⑤ 국가안전관리계획을 수립할 수 있는 근거를 마련했다는 점이다. 기존의 자연재해대책법에 의한 방재기본계획과 재난관리법에 의한 재난관리계획 등 자연재해와 인적재난 분야로 이원화되었던 것을 안전관리계획으로 통합, 일원화시켰다.

둘째, 재난관리책임 및 기관장에 대한 권한 강화

① 재난관리책임기관의 장으로 하여금 재난발생위험이 높은 시설의 재난예방에 대한 지속적인 관심을 유도했다는 점이다. 재난관리책임기관의 장에게 안전관리체계 및 안전관리규정을 정비, 보완하도록 의무화했고 소방방재청장이 이를 평가하도록 규정함으로써 재난관리책임기관의 장이 재난예방을 위해 지속적인 관심을 갖게 만들었다.

② 재난사태를 선포할 수 있게 되었다. 재난사태가 선포된 지역에 대해서는 재난경보발령, 인력·장비 및 물자의 동원, 위험구역 설정, 대피명령, 응원 등의 응급조치와 행정기관 소속 공무원의 비상소집 등 재난대비 및 대응을 위한 조치를 통하여 재난으로부터 사전관리에 최선을 다함으로써 인명과 재산피해가 최소화되도록 하였다.

③ 피해경감을 위한 인력, 장비 및 물자의 동원을 가능하게 했다는 점이다. 중앙본부장 및 지역본부장은 민방위대의 동원과 재난관리기관의 장에게 응급조치를 위한 물자 및 장비 등을 동원할 수 있도록 요청하고 군부대 지원을 요청할 수 있는 권한을 부여하였다.

④ 긴급구조를 위한 현장지휘권의 일원화를 기했다는 점이다. 지역긴급통제단장이 실질적인 통제권을 행사하고 재난 현장에 현장지휘소를 설치 운영할 수 있도록 하고 긴급구조에 참여한 민간기구들에 대해서는 경비를 보상할 수 있도록 함으로써 현장대응 기능을 강화했다.

셋째, 재난관리기금의 통합

① 재난관리기금을 통합했다는 점이다. 재해대책기금과 재난관리기금으로 이원화되었던 기금을 일원화했다.

② 재난관련 보험 등의 개발·보급을 명시했다는 점이다. 국가는 국민과 지방자치단체가 자기의 책임과 노력으로 재난에 대비할 수 있도록 재난관련 보험·공제의 개발과 보급을 위해 노력하고 예산의 범위 안에서 필요한 비용의 일부를 지원할 수 있도록 규정하였다.

넷째, 재난관리 체계의 권한 강화

① 상시 종합상황실을 설치·운영하게 했다는 점이다. 소방방재청장, 시·도지사, 시장·군수·구청장 및 소방서장은 재난정보의 수집·전파, 신속한 지휘 및 상황관리를 위하여 상시 종합상황실을 설치·운영하도록 하고, 행자부장관은 사회재난에 관하여 재난상황실을 설치·운영하도록 규정함으로써 24시간 재난관리체계를 구축했다.

② 시장·군수·구청장에게 지역재난관리의 책임을 명확하게 명시했다는 점이다. 시장·군수·구청장은 시·군·구 안전관리위원회의 위원장이며 시·군·구 재난안전대책본부의 본부장 역할을 수행한다.

5장

재난관리체계에 대한 조사분석

제1절 조사 설계

1. 조사의 대상 및 자료수집

본 설문은 우리나라의 재난관리체계에 대한 주민들의 의식을 알아보기 위해 대전광역시를 대상으로 실시하였다. 설문조사는 2006년 8월 30일부터 2006년 9월 11일까지 13일간 실시였으며, 연구자가 집적 조사대상자를 만나 설문지를 배부하고 조사대상자가 문항을 읽고 기입하도록 하였다. 설문지는 250부를 배부하여 210부를 회수하였으며, 회수율은 84.0%였다. 회수된 설문지 중 불분명하게 응답한 설문지 10부를 제외하고, 200부를 최종분석 자료로 활용하였다.

2. 조사도구

본 연구의 조사도구는 설문지로, 설문지는 선행연구와 이론적 고찰을 바탕으로 작성하였다. 설문지 문항은 재난의 심각성에 대한 인식 여섯 문항, 재난사고의 발생과 원인 다섯 문항, 재난에 대한 대응방안 열네 문항, 조사대상자의 일반적 특성 다섯 문항으로 총 서른 문항으로 구성하였다. 설문지의 문항구성은 <표 14>로 정리하였다.

〈표 14〉 설문지 문항 구성

구　　　　　　　分	문항 번호
재난의 심각성에 대한 인식 재난에 대한 인식	1
거주 지역별 재난에 대한 위험 상태의 정도	2
과거의 재난 중 가장 피해규모가 큰 재난	3
가장 큰 위기의식을 불러일으킨 재난	4
인위성 재난사고의 재발생 가능성	5
심각성이 가장 큰 재난	11
재난사고의 발생과 원인 기업의 부실공사 및 비윤리적 시공	6
국민들의 안전에 대한 무관심	7
정부기관의 관리 소홀	8
경제개발, 지역사회개발에의 관심 결과	9
사회 전반의 적당주의, 조급주의 만연	10
재난에 대한 대응방안 효율적인 재난예방교육	12
바람직한 재난예방교육 담당기관	13
정부의 정확한 재난관리 예측과 효율적 행사	14
재난대비기능의 재난발생 방지와 피해의 최소화 기여 정도	15
재난발생 시 정부의 신속한 대응과 피해의 최소화 정도	16
정부 복구기능의 적절한 행사	17
정부의 재난관리에 대한 평가	18
재난발생 억제 및 대비 정책에서 가장 중요한 대안	19
정부의 재난관리의 가장 큰 문제점	20
재난에 대한 대응방안 우리나라 재난발생의 특징	21
재난관리의 주도적인 역할 담당기관	22
재난관리의 효율적 운영을 위한 협력관계 정도	23
효율적인 재난관리를 위한 협력관계 모색의 필요성	24
재난관리를 전담하는 정부기관의 형태	25
일반적 특성 성별, 연령, 직업, 거주 지역, 학력	

3. 자료의 처리

본 연구의 수집된 자료는 SPSS(Statistical Package for the Social Science) WIN 11.5 프로그램을 이용하여 분석하였다. 분석기법으로는 연구대상자의 일반적 특성을 파악하기 위해 빈도와 백분율을 산출하였다. 또한, 재난의 심각성에 대한 인식, 재난사고의 발생과 원인, 재난에 대한 대응방안을 알아보기 위해 χ^2(Chi-square) 검증과 t-test(검증) 그리고 One-way ANOVA(일원변량분석)을 실시하였다.

제2절 조사연구의 결과

1. 조사대상자의 일반적 특성

본 연구의 조사대상자의 일반적 특성은 <표 15>와 같다.

총 200명 중 성별로는 여자가 52.5%로, 남자 47.5%보다 많았다. 연령별로는 20~29세가 35.0%로 가장 많았으며, 다음으로 40~49세 31.0%, 30~39세 21.5%, 50~59세 12.0% 순으로 나타났다. 직업별로는 상업/자영업이 19.5%로 가장 높은 분포를 보였으며, 다음으로 교원 14.0%, 공무원 12.5%, 학생 11.5%, 유통/서비스업 9.0% 순으로 차지하였다. 거주 지역별로는 도시중심지역이 65.5%로 가장 많았으며, 다음으로 도시외각지역 34.5%, 순으로 높은 분포를 보였다. 학력별로는 대졸이 55.0%로 절반 이상을 차지하였으며, 다음으로 고졸 25.5%, 중졸이하 10.5%, 대학원 이상 9.0% 순으로 나타났다.

〈표 15〉 조사대상자의 일반적 특성

구 분		빈도(명)	백분율(%)
성 별	남	95	47.5
	여	105	52.5
연 령	20~29세	71	35.5
	30~39세	43	21.5
	40~49세	62	31.0
	50~59세	24	12.0
직 업	농 / 어 / 임 / 축산업	11	5.5
	상업 / 자영업	39	19.5
	유통 / 서비스업	18	9.0
	기업사무직근로자	10	5.0
	기업생산직근로자	14	7.0
	기업의 경영자 및 임직원	8	4.0
	공무원	25	12.5
	교 원	28	14.0
	자유전문직	14	7.0
	학 생	23	11.5
	기 타	10	5.0
거주 지역	도시중심지역	131	65.5
	도시외곽지역	69	34.5
학 력	중졸 이하	21	10.5
	고 졸	51	25.5
	대 졸	110	55.0
	대학원 이상	18	9.0
계		200	100.0

2. 재난의 심각성에 대한 인식

1) 재난에 대한 인식

평소에 재난에 대해 주민들의 인식을 살펴본 결과는 <표 16>과 같이 평소 재난에 대해 인식하지 않게 된다는 주민이 28.5%로 가장 많았으며, 다음으로 심각성을 인식하고 있는 편이다 27.5%, 심각성을 늘 인식하고 있는 편이다 27.0%, 보통이다 14.0% 순으로 나타났다.

성별로는 남자가 여자보다 평소 재난에 대해 심각성을 약간 인식하고 있는 것으로 나타났고, 여자는 남자보다 재난이 있은 후 시간이 흘러감에 따라 점차 인식하지 않게 된다고 나타났으나 유의미한 차이는 아니었다. 연령별로는 40~49세가 다른 연령대보다 평소 재난에 대해 심각성을 늘 인식하고 있는 것으로 나타났고, 50세 이상은 다른 연령대보다 재난이 있은 후 시간이 흘러감에 따라 점차 인식하지 않게 된다고 나타났으며, 연령에 따라 유의미한 차이를 보였다(χ^2=25.40, p<.05). 직업별로는 사무직 및 공무원이 다른 직업종사자보다 평소 재난에 대해 심각성을 늘 인식하고 있는 것으로 나타났고, 경영자 및 자유전문직 종사자는 다른 직업종사자보다 재난이 있은 후 시간이 흘러감에 따라 점차 인식하지 않게 된다고 나타났으며, 직업에 따라 유의미한 차이를 보였다(χ^2=39.18, p<.05).

〈표 16〉 재난에 대한 인식

구 분		매우 그렇다	그렇다	보통 이다	그렇지 않다	매우 그렇지 않다	계	χ^2 (df)	p
성별	남	25 (26.3)	31 (32.6)	12 (12.6)	23 (24.2)	4 (4.2)	95 (100.0)	4.06 (4)	0.398
	여	29 (27.6)	24 (22.9)	16 (15.2)	34 (32.4)	2 (1.9)	105 (100.0)		
연령	20~29세	11 (15.5)	22 (31.0)	12 (16.9)	21 (29.6)	5 (7.0)	71 (100.0)	25.40* (12)	0.013
	30~39세	10 (23.3)	10 (23.3)	11 (25.6)	12 (27.9)	–	43 (100.0)		
	40~49세	26 (41.9)	15 (24.2)	4 (6.5)	16 (25.8)	1 (1.6)	62 (100.0)		
	50세 이상	7 (29.2)	8 (33.3)	1 (4.2)	8 (33.3)	–	24 (100.0)		
직업	상업 / 자영업	13 (33.3)	11 (28.2)	6 (15.4)	9 (23.1)	–	39 (100.0)	39.18* (24)	0.026
	유통 / 서비스 및 생산직 근로자	11 (34.4)	7 (21.9)	4 (12.5)	7 (21.9)	3 (9.4)	32 (100.0)		
	사무직 및 공무원	14 (40.0)	10 (28.6)	3 (8.6)	8 (22.9)	–	35 (100.0)		
	경영자 및 자유전문직	3 (13.6)	4 (18.2)	4 (18.2)	11 (50.0)	–	22 (100.0)		
	교 원	4 (14.3)	9 (32.1)	8 (28.6)	7 (25.0)		28 (100.0)		
	학 생	5 (21.7)	8 (34.8)	1 (4.3)	6 (26.1)	3 (13.0)	23 (100.0)		
	기 타	4 (19.0)	6 (28.6)	2 (9.5)	9 (42.9)	–	21 (100.0)		
거주 지역	도시중심지역	32 (24.4)	40 (30.5)	21 (16.0)	34 (26.0)	4 (3.1)	131 (100.0)	4.19 (4)	0.381
	도시외각지역	22 (31.9)	15 (21.7)	7 (10.1)	23 (33.3)	2 (2.9)	69 (100.0)		
학력	중졸 이하	6 (28.6)	6 (28.6)	–	9 (42.9)	–	21 (100.0)	13.54 (8)	0.095
	고 졸	18 (35.3)	13 (25.5)	3 (5.9)	16 (31.4)	1 (2.0)	51 (100.0)		
	대졸 이상	30 (23.4)	36 (28.1)	25 (19.5)	32 (25.0)	5 (3.9)	128 (100.0)		
계		54 (27.0)	55 (27.5)	28 (14.0)	57 (28.5)	6 (3.0)	200 (100.0)		

* p<0.05, ** p<0.01, *** p<0.0001

거주 지역별로는 도시중심지역에 거주하는 주민이 도시외각지역에 거주하는 주민보다 평소 재난에 대해 심각성을 약간 인식하고 있는 것으로 나타났고, 도시외각지역에 거주하는 주민은 도시중심지역에 거주하는 주민보다 재난이 있은 후 시간이 흘러감에 따라 점차 인식하지 않게 된다고 나타났으나 거주 지역에 따른 유의미한 차이는 없었다. 학력별로는 고졸이 다른 학력 소지자보다 평소 재난에 대해 심각성을 늘 인식하고 있는 것으로 나타났고, 학력이 낮을수록 재난이 있은 후 시간이 흘러감에 따라 점차 인식하지 않게 된다고 나타났으나 통계적으로는 유의미한 차이를 보이지 않았다.

이상과 같이 평소 재난에 대해 재난이 있은 후 시간이 흘러감에 따라 점차 인식하지 않게 된다는 주민이 가장 많았으며, 40~49세와 사무직 및 공무원이 다른 주민보다 평소 재난에 대해 심각성을 늘 인식하고 있는 편이라고 나타났다.

2) 거주 지역별 재난에 대한 위험 상태의 정도

거주 지역의 자연재난 및 인위재난에 대한 위험 상태에 대해 주민들의 인식을 살펴본 결과는 <표 17>과 같이 5점 만점 중 전체 평균이 2.78로, 주민들은 거주 지역이 자연재난 및 인위재난으로부터 그다지 위험한 상태에 있지 않다고 인식하는 것으로 나타났다.

성별로는 남자가 여자보다 거주 지역이 자연재난 및 인위재난으로부터 위험한 상태에 있다고 인식하였으나 성별에 따른 유의미한 차이는 없었다. 연령별로는 연령이 많을수록 거주 지역이 자연재난 및 인위재난으로부터 위험하다고 인식하였으나 통계적으로는 유의미한 차이를 보이지 않았다. 직업별로는 상업 / 자영업 종사자가 다른 직업 종사자보다 거주 지역이 자연재난 및 인위재난으로부터 위험하다고 인식하였고,

교원은 다른 직업 종사자보다 거주 지역이 자연재난 및 인위재난으로부터 위험한 상태에 있지 않다고 인식하였으나 유의미한 차이는 아니었다.

〈표 17〉 거주 지역별 재난에 대한 위험 상태의 정도

구 분		N	Mean	SD	t(F)	p
성별	남	95	2.82	0.95	0.61	0.545
	여	105	2.74	0.88		
연령	20~29세	71	2.66	0.98	1.40	0.246
	30~39세	43	2.67	0.78		
	40~49세	62	2.92	0.93		
	50세 이상	24	2.96	0.81		
직업	상업 / 자영업	39	3.05	0.94	1.22	0.298
	유통 / 서비스 및 생산 근로자	32	2.78	0.94		
	사무직 및 공무원	35	2.86	0.73		
	경영자 및 자유전문직	22	2.55	0.74		
	교 원	28	2.54	0.96		
	학 생	23	2.74	1.21		
	기 타	21	2.76	0.70		
거주 지역	도시중심지역	131	2.78	0.96	−0.03	0.977
	도시외각지역	69	2.78	0.82		
학력	중졸 이하	21	3.24	0.83	6.06**	0.003
	고 졸	51	2.98	0.81		
	대졸 이상	128	2.63	0.92		
전 체		200	2.78	0.91		

* $p<0.05$, ** $p<0.01$, *** $p<0.0001$

거주 지역별로는 도시중심지역에 거주하는 주민과 도시외각지역에 거주하는 주민이 별다른 차이 없이 거주 지역이 자연재난 및 인위재난으로부터 그다지 위험하지 않다고 인식하였다. 학력별로는 학력이 낮을수록 거주 지역이 자연재난 및 인위재난으로부터 위험하다고 인식하였

으며, 학력에 따라 유의미한 차이를 보였다(F =6.06, p<.01).

이상과 같이 주민들은 거주 지역이 자연재난 및 인위재난으로부터 그다지 위험한 상태에 있지 않다고 인식하였으며, 학력이 낮을수록 거주 지역이 자연재난 및 인위재난으로부터 위험하다고 인식하였다.

3) 과거의 재난 중 가장 피해규모가 큰 재난

과거의 재난 중 가장 피해규모가 큰 재난에 대해 주민들의 인식을 살펴본 결과는 <표 18>과 같이 과거의 재난 중 1995년의 삼풍백화점의 붕괴가 규모가 큰 재난이라고 인식하는 주민이 47.5%로 가장 많았으며, 다음으로 금년 여름의 홍수 피해 23.0%, 2003년 대구지하철 방화사건 22.5%, 1994년 성수대교의 붕괴 5.0% 순으로 나타났다.

성별로는 남자가 여자보다 과거의 재난 중 1995년의 삼풍백화점의 붕괴가 규모가 큰 재난이라고 인식하였고, 여자는 남자보다 금년 여름의 홍수 피해가 규모가 큰 재난이라고 인식하였으나 통계적으로는 유의미한 차이를 보이지 않았다. 연령별로는 30~39세가 다른 연령대보다 과거의 재난 중 금년 여름의 홍수 피해가 규모가 큰 재난이라고 인식하였고, 50세 이상은 다른 연령대보다 1995년의 삼풍백화점의 붕괴가 규모가 큰 재난이라고 인식하였으나 유의미한 차이는 아니었다.

직업별로는 상업 / 자영업 종사자가 다른 직업 종사자보다 과거의 재난 중 금년 여름의 홍수 피해가 규모가 큰 재난이라고 인식하였고, 경영자 및 자유전문직 종사자는 다른 직업 종사자보다 1995년의 삼풍백화점의 붕괴가 규모가 큰 재난이라고 인식하였으나 직업에 따른 유의미한 차이는 없었다. 거주 지역별로는 도시중심지역에 거주하는 주민이 도시외각지역에 거주하는 주민보다 과거의 재난 중 금년 여름의 홍수 피해규모가 큰 재난이라고 인식하였고, 도시외각지역에 거주하는 주민은 도시중심지역에 거주하는 주민보다 1995년의 삼풍백화점의 붕괴가 규모가 큰 재난이라고 인식하였으나 통계적으로는 유의미한 차이를 보이지 않았다. 학력별로는 학력이 낮을수록 과거의 재난 중 1995년의 삼풍백화점의 붕괴가 규모가 큰 재난이라고 인식하였고, 학력이 높을수록 2003년 대구지하철 방화사건이 규모가 큰 재난이라고 인식하였으나 유의미한 차이는 아니었다.

〈표 18〉 과거의 재난 중 가장 피해규모가 큰 재난

구 분		금년 여름의 홍수 피해	작년(2005 년) 폭설로 인한 고속 도로 등의 마비	1995 년의 삼풍백 화점의 붕괴	2005~6 년 1년간 의 연속 방화사건	1994년 성수 대교의 붕괴	2003년 대구지 하철 방화 사건	계	χ^2 (df)	p
성별	남	20 (21.1)	3 (3.2)	46 (48.4)	–	6 (6.3)	20 (21.1)	95 (100.0)	2.34 (4)	0.674
	여	26 (24.8)	1 (1.0)	49 (46.7)	–	4 (3.8)	25 (23.8)	105 (100.0)		
연령	20~29세	15 (21.1)	2 (2.8)	32 (45.1)	–	2 (2.8)	20 (28.2)	71 (100.0)	13.93 (12)	0.305
	30~39세	13 (30.2)	–	16 (37.2)	–	1 (2.3)	13 (30.2)	43 (100.0)		
	40~49세	14 (22.6)	2 (3.2)	32 (51.6)	–	5 (8.1)	9 (14.5)	62 (100.0)		
	50세 이상	4 (16.7)	–	16 (62.5)	–	2 (8.3)	3 (12.5)	24 (100.0)		
직업	상업/자영업	11 (28.2)	–	23 (59.0)	–	–	5 (12.8)	39 (100.0)	33.03 (24)	0.104
	유통/서비스 및 생산직 근로자	8 (25.0)	–	10 (31.3)	–	5 (15.6)	9 (28.1)	32 (100.0)		
	사무직 및 공무원	7 (20.0)	3 (8.6)	14 (40.0)	–	1 (2.9)	10 (28.6)	35 (100.0)		
	경영자 및 자유전문직	4 (18.2)	1 (4.5)	12 (54.5)	–	1 (4.5)	4 (18.2)	22 (100.0)		
	교 원	6 (21.4)	–	14 (50.0)	–	3 (10.7)	5 (17.9)	28 (100.0)		
	학 생	6 (26.1)	–	11 (47.8)	–	–	6 (26.1)	23 (100.0)		
	기 타	4 (19.0)	–	11 (52.4)	–	–	6 (28.6)	21 (100.0)		

구 분		금년 여름의 홍수 피해	작년(2005년) 폭설로 인한 고속도로 등의 마비	1995년의 삼풍백화점의 붕괴	2005~6년 1년간의 연속 방화사건	1994년 성수대교의 붕괴	2003년 대구지하철 방화사건	계	x^2(df)	p
거주지역	도시중심지역	33 (25.2)	4 (3.1)	59 (45.0)	–	4 (3.1)	31 (23.7)	131 (100.0)	6.49 (4)	0.165
	도시외각지역	13 (18.8)	–	36 (52.2)	–	6 (8.7)	14 (20.3)	69 (100.0)		
학력	중졸 이하	5 (23.8)	–	12 (57.1)	–	2 (9.5)	2 (9.5)	21 (100.0)	7.13 (8)	0.523
	고 졸	11 (21.6)	–	24 (47.1)	–	4 (7.8)	12 (23.5)	51 (100.0)		
	대졸 이상	30 (23.4)	4 (3.1)	59 (46.1)	–	4 (3.1)	31 (24.2)	128 (100.0)		
계		46 (23.0)	4 (2.0)	95 (47.5)	–	10 (5.0)	45 (22.5)	200 (100.0)		

* $p<0.05$, ** $p<0.01$, *** $p<0.0001$

이상과 같이 주민들은 과거의 재난 중 1995년의 삼풍백화점의 붕괴가 규모가 가장 큰 재난이라고 인식하였으며, 성별과 연령, 직업, 거주지역 그리고 학력별로는 차이를 보이지 않았다.

4) 가장 큰 위기의식을 불러일으킨 재난

우리사회에서 시민들에게 가장 큰 위기의식을 불러온 재난에 대해 주민들의 인식을 살펴본 결과는 <표 19>와 같이 우리사회에서 시민들에게 1995년의 삼풍백화점의 붕괴가 위기의식을 불러온 재난이라고 인식하는 주민이 37.5%로 가장 많았으며, 다음으로 2003년 대구지하철 방화사건 31.0%, 금년의 여름 홍수 피해 20.5%, 1994년 성수대교의 붕괴 6.5% 순으로 나타났다.

성별로는 남자가 여자보다 우리사회에서 시민들에게 2003년 대구지하철 방화사건이 위기의식을 불러온 재난이라고 인식하였고, 여자는 남자보다 금년 여름의 홍수 피해와 1995년의 삼풍백화점의 붕괴가 위기 의식을 불러온 재난이라고 인식하였으나 유의미한 차이는 아니었다. 연 령별로는 연령이 많을수록 우리사회에서 시민들에게 1995년의 삼풍백 화점의 붕괴가 위기의식을 불러온 재난이라고 인식하였고, 연령이 적을 수록 2003년 대구지하철 방화사건이 위기의식을 불러온 재난이라고 인 식하였으나 연령에 따른 유의미한 차이는 없었다.

직업별로는 사무직 및 공무원이 다른 직업 종사자보다 우리사회에서 시민들에게 1995년의 삼풍백화점의 붕괴가 위기의식을 불러온 재난이 라고 인식하였고, 기타 직업 종사자는 다른 직업 종사자보다 2003년 대구지하철 방화사건이 위기의식을 불러온 재난이라고 인식하였으며, 직업에 따라 유의미한 차이를 보였다(χ^2=52.92, p<.01). 거주 지역별로 는 도시중심지역에 거주하는 주민이 중·이하 지역에 거주하는 주민보 다 우리사회에서 시민들에게 2003년 대구지하철 방화사건이 위기의식 을 불러온 재난이라고 인식하였고, 도시외각지역에 거주하는 주민은 도 시중심지역에 거주하는 주민보다 1995년의 삼풍백화점의 붕괴가 위기 의식을 불러온 재난이라고 인식하였으며, 거주 지역에 따라 유의미한 차이를 보였다(χ^2=11.25, p<.05).

〈표 19〉 가장 큰 위기의식을 불러일으킨 재난

구 분		금년 여름의 홍수 피해	작년 (2005년) 폭설로 인한 고속도로 등의 마비	1995년의 삼풍백화점의 붕괴	2005~6년 1년간의 연속 방화사건	1994년 성수대교의 붕괴	2003년 대구지하철 방화사건	계	χ^2 (df)	p
성별	남	16 (16.8)	2 (2.1)	33 (34.7)	4 (4.2)	9 (9.5)	31 (32.6)	95 (100.0)	6.64 (5)	0.249
	여	25 (23.8)	–	42 (40.0)	3 (2.9)	4 (3.8)	31 (29.5)	105 (100.0)		
연령	20~29세	17 (23.9)	1 (1.4)	19 (26.8)	5 (7.0)	3 (4.2)	26 (36.6)	71 (100.0)	20.08 (15)	0.169
	30~39세	10 (23.3)	–	17 (39.5)	–	1 (2.3)	15 (34.9)	43 (100.0)		
	40~49세	9 (14.5)	–	28 (45.2)	2 (3.2)	7 (11.3)	16 (25.8)	62 (100.0)		
	50세 이상	5 (20.8)	1 (4.2)	11 (45.8)	–	2 (8.3)	5 (20.8)	24 (100.0)		
직업	상업/자영업	10 (25.6)	1 (2.6)	13 (33.3)	2 (5.1)	–	13 (33.3)	39 (100.0)	52.92** (30)	0.006
	유통/서비스 및 생산직 근로자	6 (18.8)	–	8 (25.0)	–	7 (21.69)	11 (34.4)	32 (100.0)		
	사무직 및 공무원	5 (14.3)	–	19 (54.3)	–	4 (11.4)	7 (20.0)	35 (100.0)		
	경영자 및 자유전문직	6 (27.3)	–	11 (50.0)	–	–	5 (22.7)	22 (100.0)		
	교 원	6 (21.4)	–	11 (39.3)	–	2 (7.1)	9 (32.1)	28 (100.0)		
	학 생	7 (30.4)	1 (4.3)	5 (21.7)	2 (8.7)	–	8 (34.8)	23 (100.0)		
	기 타	1 (4.8)	–	8 (38.1)	3 (14.3)	–	9 (42.9)	21 (100.0)		
거주 지역	도시중심지역	29 (22.1)	2 (1.5)	40 (30.5)	5 (3.8)	7 (5.3)	48 (36.6)	131 (100.0)	11.25* (5)	0.047
	도시외각지역	12 (17.4)	–	35 (50.7)	2 (2.9)	6 (8.7)	14 (20.3)	69 (100.0)		
학력	중졸 이하	3 (14.3)	1 (4.8)	11 (52.4)	–	2 (9.5)	4 (19.0)	21 (100.0)	8.98 (10)	0.534
	고 졸	10 (19.6)	–	18 (35.3)	1 (2.0)	4 (7.8)	18 (35.3)	51 (100.0)		
	대졸 이상	28 (21.9)	1 (0.8)	46 (35.9)	6 (4.7)	7 (5.5)	40 (31.3)	128 (100.0)		
계		41 (20.5)	2 (1.0)	75 (37.5)	7 (3.5)	13 (6.5)	62 (31.0)	200 (100.0)		

* p<0.05, ** p<0.01, *** p<0.0001

학력별로는 중졸 이하가 다른 학력 소지자보다 우리사회에서 시민들에게 1995년의 삼풍백화점의 붕괴가 위기의식을 불러온 재난이라고 인식하였고, 고졸은 다른 학력 소지자보다 2003년 대구지하철 방화사건이 위기의식을 불러온 재난이라고 인식하였으나 통계적으로는 유의미한 차이를 보이지 않았다.

이상과 같이 주민들은 우리사회에서 시민들에게 1995년의 삼풍백화점의 붕괴가 가장 큰 위기의식을 불러온 재난이라고 인식하였으며, 사무직 및 공무원과 도시중심지역에 거주하는 주민이 다른 주민보다 우리사회에서 시민들에게 1995년의 삼풍백화점의 붕괴가 위기의식을 불러온 재난이라고 인식하였다.

5) 인위성 재난사고의 재발생 가능성

인위성 재난사고의 재발생 가능성에 대해 주민들의 인식을 살펴본 결과는 <표 20>과 같이 5점 만점 중 전체 평균이 4.12로, 주민들은 인위성 재난사고가 다시 발생할 가능성이 높게 인식하는 것으로 나타났다.

성별로는 남자가 여자보다 인위성 재난사고가 다시 발생할 가능성이 높게 인식하였으나 성별에 따른 유의미한 차이는 없었다. 연령별로는 20~29세가 다른 연령대보다 인위성 재난사고가 다시 발생할 가능성이 높게 인식하였고, 50세 이상은 다른 연령대보다 인위성 재난사고가 다시 발생할 가능성이 낮다고 인식하였으나 통계적으로는 유의미한 차이를 보이지 않았다. 직업별로는 상업/자영업 종사자가 다른 직업 종사자보다 인위성 재난사고가 다시 발생할 가능성이 높게 인식하였고, 학생은 다른 직업 종사자보다 인위성 재난사고가 다시 발생할 가능성이 낮다고 인식하였으며, 직업에 따라 유의미한 차이를 보였다(F=3.93, p<.01).

거주 지역별로는 도시중심지역에 거주하는 주민이 도시외각지역에

거주하는 주민보다 인위성 재난사고가 다시 발생할 가능성이 높게 인
식하였으며, 거주 지역에 따라 유의미한 차이를 보였다(t=3.52, p<.01).
학력별로는 고졸 이상이 중졸 이하보다 인위성 재난사고가 다시 발생
할 가능성이 높게 인식하였으나 유의미한 차이는 아니었다.

〈표 20〉 인위성 재난사고의 재발생 가능성

구 분		N	Mean	SD	t(F)	p
성 별	남	95	4.22	0.91	1.47	0.143
	여	105	4.02	1.02		
연 령	20~29세	71	4.20	0.97	1.17	0.322
	30~39세	43	4.07	0.96		
	40~49세	62	4.18	0.96		
	50세 이상	24	3.79	1.02		
직 업	상업 / 자영업	39	4.72	0.51	3.93**	0.001
	유통 / 서비스 및 생산 근로자	32	4.00	0.92		
	사무직 및 공무원	35	3.89	0.99		
	경영자 및 자유전문직	22	3.77	1.02		
	교 원	28	4.18	0.82		
	학 생	23	3.87	1.18		
	기 타	21	4.10	1.18		
거주 지역	도시중심지역	131	4.29	0.92	3.52**	0.001
	도시외각지역	69	3.78	1.00		
학 력	중졸 이하	21	3.67	0.91	2.53	0.082
	고 졸	51	4.18	0.99		
	대졸 이상	128	4.16	0.96		
전 체		200	4.12	0.97		

* p<0.05, ** p<0.01, *** p<0.0001

이상과 같이 주민들은 인위성 재난사고가 다시 발생할 가능성이 높게
인식하였으며, 상업 / 자영업 종사자와 도시중심지역에 거주하는 주민이 다
른 주민보다 인위성 재난사고가 다시 발생할 가능성이 높게 인식하였다.

6) 심각성이 가장 큰 재난

재난 가운데 피해가 심각한 재난에 대해 주민들의 인식을 살펴본 결과는 <표 21>과 같이 재난 가운데 해일, 태풍, 홍수가 심각하다고 인식하는 주민이 28.0%로 가장 많았으며, 다음으로 지진 18.5%, 방사능 유출 16.5%, 자동차 사고 13.5%, 화재사고 9.5% 순으로 나타났다.

성별로는 남자가 여자보다 재난 가운데 해일, 태풍, 홍수가 심각하다고 인식하였고, 여자는 남자보다 자동차 사고가 심각하다고 인식하였으나 통계적으로는 유의미한 차이를 보이지 않았다. 연령별로는 연령이 많을수록 재난 가운데 방사능 유출과 지진이 심각하다고 인식하였고, 30~39세는 다른 연령대보다 해일, 태풍, 홍수가 심각하다고 인식하였으며, 연령에 따라 유의미한 차이를 보였다(χ^2=62.60, p<.001).

직업별로는 유통/서비스 및 생산직 근로자가 다른 직업 종사자보다 재난 가운데 방사능 유출이 심각하다고 인식하였고, 학생은 다른 직업 종사자보다 해일, 태풍, 홍수가 심각하다고 인식하였으며, 직업에 따라 유의미한 차이를 보였다(χ^2=88.05, p<.001). 거주 지역별로는 도시중심 지역에 거주하는 주민이 도시외각지역에 거주하는 주민보다 재난 가운데 해일, 태풍, 홍수가 심각하다고 인식하였고, 도시외각지역에 거주하는 주민은 도시중심지역에 거주하는 주민보다 지진이 심각하다고 인식하였으며, 거주 지역에 따라 유의미한 차이를 보였다(χ^2=46.65, p<.001). 학력별로는 학력이 낮을수록 재난 가운데 지진이 심각하다고 인식하였고, 고졸은 다른 학력 소지자보다 해일, 태풍, 홍수가 심각하다고 인식하였으며, 학력에 따라 유의미한 차이를 보였다(χ^2=44.14, p<.01).

이상과 같이 주민들은 재난 가운데 해일, 태풍, 홍수가 가장 심각하다고 인식하였으며, 30~39세와 도시중심지역에 거주하는 주민 그리고 고졸인 주민이 다른 주민보다 재난 가운데 해일, 태풍, 홍수가 심각하다고 인식하였다.

〈표 21〉 심각성이 가장 큰 재난

구 분		자동차 사고	도시 가스 폭발	건축물 붕괴	방사능 유출	화재 사고	지하철 사고	비행기 사고	지진	해일, 태풍, 홍수	식수 오염	계	χ^2 (df)	p
성별	남	11 (11.6)	1 (1.1)	5 (5.3)	17 (17.9)	6 (6.3)	3 (3.2)	1 (1.1)	18 (18.9)	27 (28.4)	6 (6.3)	95 (100.0)	3.96 (9)	0.914
	여	16 (15.2)	4 (3.8)	6 (5.7)	16 (15.2)	3 (2.9)	5 (4.8)	1 (1.0)	19 (18.1)	29 (27.6)	6 (5.7)	105 (100.0)		
연령	20~29세	14 (19.7)	5 (7.0)	8 (11.3)	7 (9.9)	7 (9.9)	4 (5.6)	1 (1.4)	4 (5.6)	19 (26.8)	2 (2.8)	71 (100.0)	62.60** (27)	0.000
	30~39세	5 (11.6)	-	2 (4.7)	7 (16.3)	1 (2.3)	3 (7.0)	-	5 (11.6)	15 (34.9)	5 (11.6)	43 (100.0)		
	40~49세	6 (9.7)	-	1 (1.6)	12 (19.4)	-	1 (1.6)	-	19 (30.6)	19 (30.6)	4 (6.5)	62 (100.0)		
	50세 이상	2 (8.3)	-	-	7 (29.2)	1 (4.2)	-	1 (4.2)	9 (37.5)	3 (12.5)	1 (4.2)	24 (100.0)		
직업	상업/자영업	8 (20.5)	1 (2.6)	2 (5.1)	5 (12.8)	2 (5.1)	2 (5.1)	1 (2.6)	2 (5.1)	13 (33.3)	3 (7.7)	39 (100.0)	88.05** (54)	0.002
	유통/서비스 및 생산직 근로자	4 (12.5)	1 (3.1)	-	13 (40.6)	2 (6.3)	-	-	2 (6.3)	9 (28.1)	1 (3.1)	32 (100.0)		
	사무직 및 공무원	2 (5.7)	-	1 (2.9)	4 (11.4)	1 (2.9)	-	1 (2.9)	13 (37.1)	11 (31.4)	2 (5.7)	35 (100.0)		
	경영자 및 자유전문직	3 (13.6)	2 (9.1)	1 (4.5)	3 (13.6)	-	1 (4.5)	-	6 (27.3)	5 (22.7)	1 (4.5)	22 (100.0)		
	교원	2 (7.1)	1 (3.6)	4 (14.3)	6 (21.4)	2 (7.1)	-	-	4 (14.3)	4 (14.3)	5 (17.9)	28 (100.0)		
	학생	3 (13.0)	-	2 (8.7)	2 (8.7)	1 (4.3)	2 (8.7)	-	2 (8.7)	11 (47.8)	-	23 (100.0)		
	기타	5 (23.8)	-	1 (4.8)	-	1 (4.8)	3 (14.3)	-	8 (38.1)	3 (14.3)	-	21 (100.0)		
거주 지역	도시중심지역	21 (16.0)	4 (3.1)	9 (6.9)	19 (14.5)	6 (4.6)	7 (5.3)	-	9 (6.9)	47 (35.9)	9 (6.9)	131 (100.0)	46.65* (9)	0.000
	도시외각지역	6 (8.7)	1 (1.4)	2 (2.9)	14 (20.3)	3 (4.3)	1 (1.4)	2 (2.9)	28 (40.6)	9 (13.0)	3 (4.3)	69 (100.0)		
학력	중졸 이하	1 (4.8)	-	-	3 (14.3)	-	-	1 (4.8)	12 (57.1)	3 (14.3)	1 (4.8)	21 (100.0)	44.14** (18)	0.001
	고졸	8 (15.7)	-	-	9 (17.6)	2 (3.9)	2 (3.9)	-	13 (25.5)	16 (31.4)	1 (2.0)	51 (100.0)		
	대졸 이상	18 (14.1)	5 (3.9)	11 (8.6)	21 (16.4)	7 (5.5)	6 (4.7)	1 (0.8)	12 (9.4)	37 (28.9)	10 (7.8)	128 (100.0)		
계		27 (13.5)	5 (2.5)	11 (5.5)	33 (16.5)	9 (4.5)	8 (4.0)	2 (1.0)	37 (18.5)	56 (28.0)	12 (6.0)	200 (100.0)		

* $p<0.05$, ** $p<0.01$, *** $p<0.0001$

3. 재난사고의 발생과 원인

1) 기업의 부실공사 및 비윤리적 시공

기업의 부실공사 등 비윤리적 시공과 재난사고 발생과의 관계에 대해 주민들의 인식을 살펴본 결과는 <표 22>와 같이 5점 만점 중 전체 평균이 4.10으로, 주민들은 기업의 부실공사 등 비윤리적 시공과 재난사고 발생과의 관계를 높게 인식하는 것으로 나타났다.

<표 22> 기업의 부실공사 및 비윤리적 시공

구 분		N	Mean	SD	t(F)	p
성별	남	95	4.21	0.94	1.52	0.130
	여	105	4.00	1.01		
연령	20~29세	71	4.10	1.10	4.18**	0.007
	30~39세	43	4.35	0.78		
	40~49세	62	4.16	0.89		
	50세 이상	24	3.50	0.98		
직업	상업 / 자영업	39	4.38	0.94	3.71**	0.002
	유통 / 서비스 및 생산 근로자	32	3.88	0.91		
	사무직 및 공무원	35	4.29	0.86		
	경영자 및 자유전문직	22	3.91	0.92		
	교 원	28	4.54	0.58		
	학 생	23	3.65	1.30		
	기 타	21	3.71	1.10		
거주 지역	도시중심지역	131	4.40	0.88	6.67***	0.000
	도시외각지역	69	3.52	0.90		
학력	중졸 이하	21	3.52	0.75	10.36***	0.000
	고 졸	51	3.78	0.99		
	대졸 이상	128	4.32	0.95		
전 체		200	4.10	0.98		

* $p<0.05$, ** $p<0.01$, *** $p<0.0001$

성별로는 남자가 여자보다 기업의 부실공사 등 비윤리적 시공과 재난사고 발생과의 관계를 높게 인식하였으나 유의미한 차이는 아니었다. 연령별로는 30~39세가 다른 연령대보다 기업의 부실공사 등 비윤리적 시공과 재난사고 발생과의 관계를 높게 인식하였고, 50세 이상은 다른 연령대보다 기업의 부실공사 등 비윤리적 시공과 재난사고 발생과의 관계가 낮다고 인식하였으며, 연령에 따라 유의미한 차이를 보였다(F = 4.18, p<.01).

직업별로는 교원이 다른 직업 종사자보다 기업의 부실공사 등 비윤리적 시공과 재난사고 발생과의 관계를 높게 인식하였고, 학생은 다른 직업 종사자보다 기업의 부실공사 등 비윤리적 시공과 재난사고 발생과의 관계가 낮다고 인식하였으며, 직업에 따라 유의미한 차이를 보였다(F = 3.71, p<.01). 거주 지역별로는 도시중심지역에 거주하는 주민이 도시외각지역에 거주하는 주민보다 기업의 부실공사 등 비윤리적 시공과 재난사고 발생과의 관계를 높게 인식하였으며, 거주 지역에 따라 유의미한 차이를 보였다(t = 6.67, p<.001). 학력별로는 학력이 높을수록 기업의 부실공사 등 비윤리적 시공과 재난사고 발생과의 관계를 높게 인식하였으며, 학력에 따라 유의미한 차이를 보였다(F = 10.36, p<.001).

이상과 같이 주민들은 기업의 부실공사 등 비윤리적 시공과 재난사고 발생과의 관계를 높게 인식하였으며, 30~39세와 교원, 도시중심지역에 거주하는 주민 그리고 학력이 높을수록 기업의 부실공사 등 비윤리적 시공과 재난사고 발생과의 관계를 높게 인식하였다.

2) 국민들의 안전에 대한 무관심

국민들의 안전에 대한 무관심과 재난사고 발생과의 관계에 대해 국민들의 인식을 살펴본 결과는 <표 23>과 같이 5점 만점 중 전체 평균이 3.78로, 주민들은 국민들의 안전에 대한 무관심과 재난사고 발생과의 관계를 높게 인식하는 것으로 나타났다.

성별로는 남자가 여자보다 국민들의 안전에 대한 무관심과 재난사고 발생과의 관계를 높게 인식하였으나 성별에 따른 유의미한 차이를 보였다. 연령별로는 30~39세가 다른 연령대보다 국민들의 안전에 대한 무관심과 재난사고 발생과의 관계를 높게 인식하였고, 50세 이상은 다른 연령대보다 국민들의 안전에 대한 무관심과 재난사고 발생과의 관계가 낮다고 인식하였으며, 연령에 따라 유의미한 차이를 보였다(F = 3.96, p<.01). 직업별로는 교원이 다른 직업 종사자보다 국민들의 안전에 대한 무관심과 재난사고 발생과의 관계를 높게 인식하였고, 학생은 다른 직업 종사자보다 국민들의 안전에 대한 무관심과 재난사고 발생과의 관계가 낮다고 인식하였으며, 직업에 따라 유의미한 차이를 보였다(F =4.78, p<.001).

<표 23> 국민들의 안전에 대한 무관심

구 분		N	Mean	SD	t(F)	p
성별	남	95	3.87	0.94	1.26	0.210
	여	105	3.70	1.06		
연령	20~29세	71	3.73	1.11	3.96^{**}	0.009
	30~39세	43	4.21	0.74		
	40~49세	62	3.66	1.01		
	50세 이상	24	3.46	0.88		
직업	상업 / 자영업	39	4.21	0.80	4.78^{***}	0.000
	유통 / 서비스 및 생산 근로자	32	3.34	1.04		
	사무직 및 공무원	35	3.80	0.83		
	경영자 및 자유전문직	22	3.77	0.92		
	교 원	28	4.25	0.59		
	학 생	23	3.30	1.29		
	기 타	21	3.52	1.21		

구 분		N	Mean	SD	t(F)	p
거주 지역	도시중심지역	131	3.99	0.96	4.30***	0.000
	도시외각지역	69	3.38	0.96		
학력	중졸 이하	21	3.43	0.87		
	고 졸	51	3.69	0.95	2.11	0.124
	대졸 이상	128	3.88	1.03		
전 체		200	3.78	1.00		

* p<0.05, ** p<0.01, *** p<0.0001

거주 지역별로는 도시중심지역에 거주하는 주민이 도시외각지역에 거주하는 주민보다 국민들의 안전에 대한 무관심과 재난사고 발생과의 관계를 높게 인식하였으며, 거주 지역에 따라 유의미한 차이를 보였다 (t=4.30, p<.001). 학력별로는 학력이 높을수록 국민들의 안전에 대한 무관심과 재난사고 발생과의 관계를 높게 인식하였으나 학력에 따른 유의미한 차이는 없었다.

이상과 같이 주민들은 국민들의 안전에 대한 무관심과 재난사고 발생과의 관계를 높게 인식하였으며, 30~39세와 교원 그리고 도시중심지역에 거주하는 주민이 다른 주민보다 국민들의 안전에 대한 무관심과 재난사고 발생과의 관계를 높게 인식하였다.

3) 정부기관의 관리 소홀

정부기관의 관리 소홀과 재난사고 발생과의 관계에 대해 주민들의 인식을 살펴본 결과는 <표 24>과 같이 5점 만점 중 전체 평균이 4.22 로, 주민들은 정부기관의 관리 소홀과 재난사고 발생과의 관계를 높게 인식하는 것으로 나타났다.

성별로는 남자가 여자보다 정부기관의 관리 소홀과 재난사고 발생과의 관계를 높게 인식하였으나 성별에 따른 유의미한 차이는 없었다. 연령별로는 연령이 적을수록 정부기관의 관리 소홀과 재난사고 발생과의 관계를 높게 인식하였으나 통계적으로는 유의미한 차이를 보이지 않았다. 직업별로는 교원이 다른 직업 종사자보다 정부기관의 관리 소홀과 재난사고 발생과의 관계를 높게 인식하였고, 기타 직업 종사자는 다른 직업 종사자보다 정부기관의 관리 소홀과 재난사고 발생과의 관계가 낮다고 인식하였으나 유의미한 차이는 아니었다.

거주 지역별로는 도시중심지역에 거주하는 주민이 도시외각지역에 거주하는 주민보다 정부기관의 관리 소홀과 재난사고 발생과의 관계를 높게 인식하였으며, 거주 지역에 따라 유의미한 차이를 보였다(t=4.04, p<.001). 학력별로는 학력이 높을수록 정부기관의 관리 소홀과 재난사고 발생과의 관계를 높게 인식하였으나 학력에 따른 유의미한 차이는 없었다.

<표 24> 정부기관의 관리 소홀

구 분		N	Mean	SD	t(F)	p
성별	남	95	4.24	0.88	0.34	0.738
	여	105	4.20	0.89		
연령	20~29세	71	4.34	0.96	1.34	0.264
	30~39세	43	4.28	0.67		
	40~49세	62	4.15	0.88		
	50세 이상	24	3.96	0.99		
직업	상업 / 자영업	39	4.44	0.82	1.43	0.205
	유통 / 서비스 및 생산 근로자	32	4.19	0.97		
	사무직 및 공무원	35	4.14	0.69		
	경영자 및 자유전문직	22	4.05	0.90		
	교 원	28	4.50	0.64		
	학 생	23	4.04	1.19		
	기 타	21	4.00	1.00		

구 분		N	Mean	SD	t(F)	p
거주 지역	도시중심지역	131	4.40	0.82	4.04***	0.000
	도시외각지역	69	3.88	0.92		
학력	중졸 이하	21	3.95	0.80	2.46	0.088
	고 졸	51	4.08	1.00		
	대졸 이상	128	4.32	0.84		
전 체		200	4.22	0.89		

* $p<0.05$, ** $p<0.01$, *** $p<0.0001$

이상과 같이 주민들은 정부기관의 관리 소홀과 재난사고 발생과의 관계를 높게 인식하였으며, 도시중심지역에 거주하는 주민이 도시외각 지역에 거주하는 주민보다 정부기관의 관리 소홀과 재난사고 발생과의 관계를 높게 인식하였다.

4) 경제개발, 지역사회개발에의 관심

경제개발, 지역사회개발에의 관심과 재난사고 발생과의 관계에 대해 주민들의 인식을 살펴본 결과는 <표 25>와 같이 5점 만점 중 전체 평 균이 3.84로, 주민들은 경제개발, 지역사회개발에의 관심과 재난사고 발생과의 관계를 높게 인식하는 것으로 나타났다.

〈표 25〉 경제개발, 지역사회개발에의 관심 결과

구 분		N	Mean	SD	t(F)	p
성별	남	95	3.95	0.82	1.63	0.104
	여	105	3.74	0.94		
연령	20~29세	71	3.94	0.97	1.49	0.219
	30~39세	43	3.95	0.82		
	40~49세	62	3.74	0.90		
	50세 이상	24	3.58	0.65		

구 분		N	Mean	SD	t(F)	p
직업	상업 / 자영업	39	3.79	0.89		
	유통 / 서비스 및 생산 근로자	32	3.69	0.93		
	사무직 및 공무원	35	4.09	0.70		
	경영자 및 자유전문직	22	3.91	0.75	2.00	0.067
	교 원	28	4.14	0.65		
	학 생	23	3.65	1.15		
	기 타	21	3.48	1.03		
거주 지역	도시중심지역	131	4.01	0.86	3.80***	0.000
	도시외각지역	69	3.52	0.85		
학력	중졸 이하	21	3.43	0.81		
	고 졸	51	3.61	0.78	6.41**	0.002
	대졸 이상	128	4.00	0.90		
전 체		200	3.84	0.89		

* $p<0.05$, ** $p<0.01$, *** $p<0.0001$

성별로는 남자가 여자보다 경제개발, 지역사회개발에의 관심과 재난 사고 발생과의 관계를 높게 인식하였으나 통계적으로는 유의미한 차이를 보이지 않았다. 연령별로는 39세 이하가 다른 연령대보다 경제개발, 지역사회개발에의 관심과 재난사고 발생과의 관계를 높게 인식하였고, 40~49세는 다른 연령대보다 경제개발, 지역사회개발에의 관심과 재난 사고 발생과의 관계가 낮다고 인식하였으나 유의미한 차이는 아니었다.

직업별로는 교원이 다른 직업 종사자보다 경제개발, 지역사회개발에의 관심과 재난사고 발생과의 관계를 높게 인식하였고, 기타 직업 종사자는 다른 직업 종사자보다 경제개발, 지역사회개발에의 관심과 재난 사고 발생과의 관계가 낮다고 인식하였으나 직업에 따른 유의미한 차이는 없었다. 거주 지역별로는 도시중심지역에 거주하는 주민이 도시외각지역에 거주하는 주민보다 경제개발, 지역사회개발에의 관심과 재난 사고 발생과의 관계를 높게 인식하였으며, 거주 지역에 따라 유의미한 차이를 보였다(t=3.80, p<.001). 학력별로는 학력이 높을수록 경제개발,

지역사회개발에의 관심과 재난사고 발생과의 관계를 높게 인식하였으며, 학력에 따라 유의미한 차이를 보였다(F = 6.41, p<.01).

이상과 같이 주민들은 경제개발, 지역사회개발에의 관심과 재난사고 발생과의 관계를 높게 인식하였으며, 도시중심지역에 거주하는 주민과 학력이 높을수록 경제개발, 지역사회개발에의 관심과 재난사고 발생과의 관계를 높게 인식하였다.

5) 사회 전반의 적당주의, 조급주의 만연

사회 전반에 적당주의 및 조급주의 만연과 재난사고 발생과의 관계에 대해 주민들의 인식을 살펴본 결과는 <표 26>과 같이 5점 만점 중 전체 평균이 4.09로, 주민들은 사회 전반에 적당주의 및 조급주의 만연과 재난사고 발생과의 관계를 높게 인식하는 것으로 나타났다.

성별로는 남자가 여자보다 사회 전반에 적당주의 및 조급주의 만연과 재난사고 발생과의 관계를 높게 인식하였으나 통계적으로는 유의미한 차이를 보이지 않았다. 연령별로는 30~39세가 다른 연령대보다 사회 전반에 적당주의 및 조급주의 만연과 재난사고 발생과의 관계를 높게 인식하였고, 50세 이상은 다른 연령대보다 사회 전반에 적당주의 및 조급주의 만연과 재난사고 발생과의 관계가 낮다고 인식하였으나 유의미한 차이는 아니었다.

〈표 26〉 사회 전반의 적당주의, 조급주의 만연

구 분		N	Mean	SD	t(F)	p
성별	남	95	4.19	0.88	1.60	0.112
	여	105	3.99	0.88		
연령	20~29세	71	4.18	0.96	1.72	0.164
	30~39세	43	4.23	0.68		
	40~49세	62	3.97	0.90		
	50세 이상	24	3.83	0.87		
직업	상업 / 자영업	39	4.23	0.78	2.55*	0.021
	유통 / 서비스 및 생산 근로자	32	3.88	0.94		
	사무직 및 공무원	35	4.14	0.69		
	경영자 및 자유전문직	22	3.77	0.92		
	교원	28	4.54	0.58		
	학생	23	3.87	1.25		
	기타	21	4.00	0.89		
거주 지역	도시중심지역	131	4.27	0.79	3.95***	0.000
	도시외각지역	69	3.74	0.95		
학력	중졸 이하	21	3.43	0.87	11.05***	0.000
	고졸	51	3.88	0.84		
	대졸 이상	128	4.27	0.84		
전 체		200	4.09	0.88		

* $p<0.05$, ** $p<0.01$, *** $p<0.0001$

직업별로는 교원이 다른 직업 종사자보다 사회 전반에 적당주의 및 조급주의 만연과 재난사고 발생과의 관계를 높게 인식하였고, 학생은 다른 직업 종사자보다 사회 전반에 적당주의 및 조급주의 만연과 재난사고 발생과의 관계가 낮다고 인식하였으며, 직업에 따라 유의미한 차이를 보였다($F=2.55$, $p<.05$). 거주 지역별로는 도시중심지역에 거주하는 주민이 도시외각지역 이하 지역에 거주하는 주민보다 사회 전반에 적당주의 및 조급주의 만연과 재난사고 발생과의 관계를 높게 인식하였으며, 거주 지역에 따라 유의미한 차이를 보였다($t=3.95$, $p<.001$). 학

력별로는 학력이 높을수록 사회 전반에 적당주의 및 조급주의 만연과 재난사고 발생과의 관계를 높게 인식하였으며, 학력에 따라 유의미한 차이를 보였다(F = 11.05, p<.001).

이상과 같이 주민들은 사회 전반에 적당주의 및 조급주의 만연과 재난사고 발생과의 관계를 높게 인식하였으며, 교원과 도시중심지역에 거주하는 주민 그리고 학력이 높을수록 사회 전반에 적당주의 및 조급주의 만연과 재난사고 발생과의 관계를 높게 인식하였다.

4. 재난에 대한 대응방안

1) 효율적인 재난예방교육

효율적인 재난예방교육에 대해 주민들의 인식을 살펴본 결과는 <표 27>와 같이 재난예방교육은 법률제정에 의한 강제성을 띠는 것이 효율적이라고 인식하는 주민이 50.5%로 가장 많았으며, 다음으로 주무담당기관의 재량에 의해 29.5%, 재난은 교육을 통해 예방할 수 있는 것이 아니다 9.5%, 완전 자율적으로 5.0% 순으로 나타났다.

성별로는 남자가 여자보다 재난예방교육은 법률제정에 의한 강제성을 띠는 것이 효율적이라고 인식하였고, 여자는 남자보다 잘 모르겠다에 높은 분포를 보였으나 유의미한 차이는 아니었다. 연령별로는 30~39세가 다른 연령대보다 재난예방교육은 법률제정에 의한 강제성을 띠는 것이 효율적이라고 인식하였고, 40~49세는 다른 연령대보다 주무담당기관의 재량에 의한 것이 효율적이라고 인식하였으나 연령에 따른 유의미한 차이는 없었다.

〈표 27〉 효율적인 재난예방교육

구 분		법률제정에 의해 강제성을 띠고 해야	주무담당 기관의 재량에 의해	완전 자율적으로	재난은 교육을 통해 예방 할 수 있는 것이 아니다	잘 모르겠다	계	x^2 (df)	p
성별	남	49 (51.6)	28 (29.5)	7 (7.4)	9 (9.5)	2 (2.1)	95 (100.0)	5.86 (4)	0.210
	여	52 (49.5)	31 (29.5)	3 (2.9)	10 (9.5)	9 (8.6)	105 (100.0)		
연령	20~29세	36 (50.7)	20 (28.2)	1 (1.4)	9 (12.7)	5 (7.0)	71 (100.0)	18.19 (12)	0.110
	30~39세	27 (62.8)	7 (16.3)	4 (9.3)	4 (9.3)	1 (2.3)	43 (100.0)		
	40~49세	28 (45.2)	26 (41.9)	3 (4.8)	3 (4.8)	2 (3.2)	62 (100.0)		
	50세 이상	10 (41.7)	6 (25.0)	2 (8.3)	3 (12.5)	3 (12.5)	24 (100.0)		
직업	상업 / 자영업	24 (61.5)	6 (15.4)	2 (5.1)	4 (10.3)	3 (7.7)	39 (100.0)	48.17** (24)	0.002
	유통/ 서비스 및 생산직 근로자	20 (62.5)	7 (21.9)	–	5 (15.6)		32 (100.0)		
	사무직 및 공무원	18 (51.4)	12 (34.3)	4 (11.4)	–	1 (2.9)	35 (100.0)		
	경영자 및 자유전문직	7 (31.8)	8 (36.4)	–	2 (9.1)	5 (22.7)	22 (100.0)		
	교 원	17 (60.7)	9 (32.1)	2 (7.1)	–	–	28 (100.0)		
	학 생	10 (43.5)	9 (39.1)	1 (4.3)	3 (13.0)	–	23 (100.0)		
	기 타	5 (23.8)	8 (38.1)	1 (4.8)	5 (23.8)	2 (9.5)	21 (100.0)		
거주 지역	도시중심지역	78 (59.5)	26 (19.8)	7 (5.3)	13 (9.9)	7 (5.3)	131 (100.0)	18.32** (4)	0.001
	도시외각지역	23 (33.3)	33 (47.8)	3 (4.3)	6 (8.7)	4 (5.8)	69 (100.0)		
학력	중졸 이하	6 (28.6)	9 (42.9)	1 (4.8)	2 (9.5)	3 (14.3)	21 (100.0)	8.38 (8)	0.397
	고 졸	27 (52.9)	15 (29.4)	2 (3.9)	6 (11.8)	1 (2.0)	51 (100.0)		
	대졸 이상	68 (53.1)	35 (27.3)	7 (5.5)	11 (8.6)	7 (5.5)	128 (100.0)		
계		101 (50.5)	59 (29.5)	10 (5.0)	19 (9.5)	11 (5.5)	200 (100.0)		

* p<0.05, ** p<0.01, *** p<0.0001

직업별로는 유통 / 서비스 및 생산직 근로자가 다른 직업 종사자보다 재난예방교육은 법률제정에 의한 강제성을 띠는 것이 효율적이라고 인식하였고, 경영자 및 자유전문직 종사자는 다른 직업 종사자보다 주무담당기관의 재량에 의한 것이 효율적이라고 인식하였으며, 직업에 따라 유의미한 차이를 보였다(χ^2=48.17, p<.001). 거주 지역별로는 도시중심지역에 거주하는 주민이 도시외각지역에 거주하는 주민보다 재난예방교육은 법률제정에 의한 강제성을 띠는 것이 효율적이라고 인식하였고, 도시외각지역에 거주하는 주민은 도시중심지역에 거주하는 주민보다 주무담당기관의 재량에 의한 것이 효율적이라고 인식하였으며, 거주 지역에 따라 유의미한 차이를 보였다(χ^2=48.17, p<.01). 학력별로는 학력이 높을수록 재난예방교육은 법률제정에 의한 강제성을 띠는 것이 효율적이라고 인식하였고, 학력이 낮을수록 주무담당기관의 재량에 의한 것이 효율적이라고 인식하였으나 통계적으로는 유의미한 차이를 보이지 않았다.

이상과 같이 주민들은 재난예방교육은 법률제정에 의한 강제성을 띠는 것이 가장 효율적이라고 인식하였으며, 유통 / 서비스 및 생산직 근로자와 도시중심지역에 거주하는 주민이 다른 주민보다 재난예방교육은 법률제정에 의한 강제성을 띠는 것이 효율적이라고 인식하였다.

2) 바람직한 재난예방교육 담당기관

바람직한 재난예방교육 담당기관에 대해 주민들의 인식을 살펴본 결과는 <표 28>와 같이 재난예방교육은 지방자치단체에서 담당하는 것이 바람직하다고 인식하는 주민이 28.0%로 가장 많았으며, 다음으로 학교 등 교육기관 21.5%, 방송매체를 통해 21.0%, 중앙정부기관 15.5%, 반상회 11.5%, 시민봉사단체 2.5% 순으로 나타났다.

성별로는 남자가 여자보다 재난예방교육은 학교 등 교육기관에서 담당하는 것이 바람직하다고 인식하였고, 여자는 남자보다 지방자치단체에서 담당하는 것이 바람직하다고 인식하였으나 성별에 따른 유의미한 차이는 없었다.

〈표 28〉 바람직한 재난예방교육 담당기관

구 분		지방 자치 단체	반상회	학교 등 교육 기관	시민 봉사 단체	중앙 정부 기관	방송 매체를 통해	계	χ^2 (df)	p
성별	남	18 (18.9)	15 (15.8)	23 (24.2)	3 (3.2)	15 (15.8)	21 (22.1)	95 (100.0)	9.24 (5)	0.100
	여	38 (36.2)	8 (7.6)	20 (19.0)	2 (1.9)	16 (15.2)	21 (20.0)	105 (100.0)		
연령	20~29세	14 (19.7)	6 (8.5)	18 (25.4)	2 (2.8)	14 (19.7)	17 (23.9)	71 (100.0)	22.75 (15)	0.090
	30~39세	14 (32.6)	2 (4.7)	8 (18.6)	2 (4.7)	6 (14.0)	11 (25.6)	43 (100.0)		
	40~49세	15 (24.2)	11 (17.7)	16 (25.8)	1 (1.6)	9 (14.5)	10 (16.1)	62 (100.0)		
	50세 이상	13 (54.2)	4 (16.7)	1 (4.2)	–	2 (8.3)	4 (16.7)	24 (100.0)		
직업	상업 / 자영업	6 (15.4)	3 (7.7)	11 (28.2)	–	5 (12.8)	14 (35.9)	39 (100.0)	44.39* (30)	0.044
	유통 / 서비스 및 생산직 근로자	8 (25.0)	10 (31.3)	3 (9.4)	1 (3.1)	5 (15.6)	5 (15.6)	32 (100.0)		
	사무직 및 공무원	14 (40.0)	1 (2.9)	6 (17.1)	1 (2.9)	5 (14.3)	8 (22.9)	35 (100.0)		
	경영자 및 자유전문직	8 (36.4)	2 (9.1)	6 (27.3)	1 (4.5)	3 (13.6)	2 (9.1)	22 (100.0)		
	교 원	10 (35.7)	–	7 (25.0)	1 (3.6)	4 (14.3)	6 (21.4)	28 (100.0)		
	학 생	2 (8.7)	3 (13.0)	6 (26.1)	1 (4.3)	7 (30.4)	4 (17.4)	23 (100.0)		
	기 타	8 (38.1)	4 (19.0)	4 (19.0)	–	2 (9.5)	3 (14.3)	21 (100.0)		
거주 지역	도시중심지역	25 (19.1)	6 (4.6)	36 (27.5)	4 (3.1)	26 (19.8)	34 (26.0)	131 (100.0)	42.44*** (5)	0.000
	도시외각지역	31 (44.9)	17 (24.6)	7 (10.1)	1 (1.4)	5 (7.2)	8 (11.6)	69 (100.0)		

구 분		지방 자치 단체	반상회	학교 등 교육 기관	시민 봉사 단체	중앙 정부 기관	방송 매체를 통해	계	χ^2 (df)	p
학력	중졸 이하	13 (61.9)	3 (14.3)	–	–	2 (9.5)	3 (14.3)	21 (100.0)	39.45*** (10)	0.000
	고 졸	19 (37.3)	12 (23.5)	9 (17.6)	1 (2.0)	6 (11.8)	4 (7.8)	51 (100.0)		
	대졸 이상	24 (18.8)	8 (6.3)	34 (26.6)	4 (3.1)	23 (18.0)	35 (27.3)	128 (100.0)		
계		56 (28.0)	23 (11.5)	43 (21.5)	5 (2.5)	31 (15.5)	42 (21.0)	200 (100.0)		

* p<0.05, ** p<0.01, *** p<0.0001

연령별로는 20~29세와 40~49세가 다른 연령대보다 재난예방교육은 학교 등 교육기관에서 담당하는 것이 바람직하다고 인식하였고, 50세 이상은 다른 연령대보다 지방자치단체에서 담당하는 것이 바람직하다고 인식하였으나 통계적으로는 유의미한 차이를 보이지 않았다. 직업별로는 상업 / 자영업 종사자가 다른 직업 종사자보다 재난예방교육은 방송매체를 통해 하는 것이 바람직하다고 인식하였고, 사무직 및 공무원은 다른 직업 종사자보다 지방자치단체에서 담당하는 것이 바람직하다고 인식하였으며, 직업에 따라 유의미한 차이를 보였다(χ^2=44.39, p<.05).

거주 지역별로는 도시중심지역에 거주하는 주민이 도시외각지역에 거주하는 주민보다 재난예방교육은 중앙정부기관과 방송매체를 통해 하는 것이 바람직하다고 인식하였고, 도시외각지역에 거주하는 주민은 도시중심지역에 거주하는 주민보다 지방자치단체에서 담당하는 것이 바람직하다고 인식하였으며, 거주 지역에 따라 유의미한 차이를 보였다 (χ^2=42.44, p<.001). 학력별로는 학력이 낮을수록 재난예방교육은 지방자치단체에서 담당하는 것이 바람직하다고 인식하였고, 대졸 이상은 다른 학력 소지자보다 방송매체를 통해 하는 것이 바람직하다고 인식하였으며, 학력에 따라 유의미한 차이를 보였다(χ^2=39.45, p<.001).

이상과 같이 주민들은 재난예방교육은 지방자치단체에서 담당하는 것이 가장 바람직하다고 인식하였으며, 사무직 및 공무원과 도시외각지

역에 거주하는 주민 그리고 학력이 낮을수록 재난예방교육은 지방자치
단체에서 담당하는 것이 바람직하다고 인식하였다.

3) 정부의 정확한 재난관리 예측과 효율적 행사

정부의 정확한 재난관리 예측과 효율적 행사에 대해 주민들의 인식
을 살펴본 결과는 <표 29>와 같이 5점 만점 중 전체 평균이 2.70으로,
주민들은 정부의 재난관리 예측기능이 그다지 정확하고 효율적으로 행
사되고 있지 않다고 인식하는 것으로 나타났다.

<표 29> 정부의 정확한 재난관리 예측과 효율적 행사

구 분		N	Mean	SD	t(F)	p
성별	남	95	2.69	0.90	-0.08	0.936
	여	105	2.70	0.85		
연령	20~29세	71	2.56	0.95	1.06	0.368
	30~39세	43	2.72	0.77		
	40~49세	62	2.77	0.86		
	50세 이상	24	2.88	0.85		
직업	상업 / 자영업	39	2.56	0.91	1.57	0.158
	유통 / 서비스 및 생산 근로자	32	2.50	0.80		
	사무직 및 공무원	35	3.00	0.87		
	경영자 및 자유전문직	22	2.68	0.78		
	교 원	28	2.79	0.83		
	학 생	23	2.87	1.01		
	기 타	21	2.48	0.81		
거주 지역	도시중심지역	131	2.64	0.92	-1.39	0.168
	도시외각지역	69	2.81	0.77		
학력	중졸 이하	21	3.05	0.50	1.91	0.151
	고 졸	51	2.69	0.93		
	대졸 이상	128	2.65	0.89		
전 체		200	2.70	0.87		

* $p<0.05$, ** $p<0.01$, *** $p<0.0001$

성별로는 남자와 여자가 별다른 차이 없이 정부의 재난관리 예측기능이 그다지 정확하고 효율적으로 행사되고 있지 않다고 인식하였다. 연령별로는 연령이 많을수록 정부의 재난관리 예측기능이 정확하고 효율적으로 행사되고 있다고 인식하였으나 유의미한 차이는 아니었다. 직업별로는 사무직 및 공무원이 다른 직업 종사자보다 정부의 재난관리 예측기능이 정확하고 효율적으로 행사되고 있다고 인식하였고, 유통/서비스 및 생산직 근로자는 다른 직업 종사자보다 정부의 재난관리 예측기능이 정확하지 않고 효율적으로 행사되고 있지 않다고 인식하였으나 직업에 따른 유의미한 차이는 없었다.

거주 지역별로는 도시외각지역에 거주하는 주민이 도시중심지역에 거주하는 주민보다 정부의 재난관리 예측기능이 정확하고 효율적으로 행사되고 있다고 인식하였으나 통계적으로는 유의미한 차이를 보이지 않았다. 학력별로는 학력이 낮을수록 정부의 재난관리 예측기능이 정확하고 효율적으로 행사되고 있다고 인식하였으나 유의미한 차이는 아니었다.

이상과 같이 주민들은 정부의 재난관리 예측기능이 그다지 정확하고 효율적으로 행사되고 있지 않다고 인식하였으며, 성별과 연령, 직업, 거주 지역 그리고 학력별로는 차이를 보이지 않았다.

4) 재난대비기능의 재난발생 방지와 피해의 최소화 기여 정도

재난대비기능의 재난발생 방지와 피해의 최소화 기여 정도에 대해 주민들의 인식을 살펴본 결과는 <표 30>과 같이 5점 만점 중 전체 평균이 3.14로, 주민들은 재난대비기능이 재난발생을 방지하거나 재난피해를 최소화하는 데 그다지 기여하고 있지 않다고 인식하는 것으로 나타났다.

성별로는 남자가 여자보다 재난대비기능이 재난발생을 방지하거나 재난피해를 최소화하는 데 기여하고 있다고 인식하였으며, 성별에 따라 유의미한 차이를 보였다(t=2.04, p<.05). 연령별로는 40~49세가 다른 연령대보다 재난대비기능이 재난발생을 방지하거나 재난피해를 최소화하는 데 기여하고 있다고 인식하였고, 50세 이상은 다른 연령대보다 재난대비기능이 재난발생을 방지하거나 재난피해를 최소화하는 데 기여하고 있지 않다고 인식하였으나 유의미한 차이는 아니었다. 직업별로는 학생이 다른 직업 종사자보다 재난대비기능이 재난발생을 방지하거나 재난피해를 최소화하는 데 기여하고 있다고 인식하였고, 기타 직업 종사자는 다른 직업 종사자보다 재난대비기능이 재난발생을 방지하거나 재난피해를 최소화하는 데 기여하고 있지 않다고 인식하였으나 직업에 따른 유의미한 차이는 없었다.

거주 지역별로는 도시중심지역에 거주하는 주민이 도시외각지역에 거주하는 주민보다 재난대비기능이 재난발생을 방지하거나 재난피해를 최소화하는 데 기여하고 있다고 인식하였으나 통계적으로는 유의미한 차이를 보이지 않았다. 학력별로는 학력이 낮을수록 재난대비기능이 재난발생을 방지하거나 재난피해를 최소화하는 데 기여하고 있다고 인식하였으며, 학력에 따라 유의미한 차이를 보였다(F=4.54, p<.05).

〈표 30〉 재난대비기능의 재난발생 방지와 피해의 최소화 기여 정도

구 분		N	Mean	SD	t(F)	p
성별	남	95	3.28	1.01	2.04*	0.043
	여	105	3.01	0.88		
연령	20~29세	71	3.14	0.95	1.22	0.304
	30~39세	43	3.07	0.99		
	40~49세	62	3.29	0.89		
	50세 이상	24	2.88	1.03		

구 분		N	Mean	SD	t(F)	p
	상업 / 자영업	39	2.97	1.11		
	유통 / 서비스 및 생산 근로자	32	2.94	0.95		
	사무직 및 공무원	35	3.40	0.85		
직업	경영자 및 자유전문직	22	2.95	0.84	2.12	0.053
	교 원	28	3.36	0.99		
	학 생	23	3.48	0.79		
	기 타	21	2.86	0.85		
거주 지역	도시중심지역	131	3.16	1.05	0.46	0.644
	도시외각지역	69	3.10	0.73		
	중졸 이하	21	2.90	0.83		
학력	고 졸	51	2.86	0.89	4.54*	0.012
	대졸 이상	128	3.29	0.97		
전 체		200	3.14	0.95		

* $p < 0.05$, ** $p < 0.01$, *** $p < 0.0001$

이상과 같이 주민들은 재난대비기능이 재난발생을 방지하거나 재난 피해를 최소화하는 데 그다지 기여하고 있지 않다고 인식하였으며, 남자와 학력이 낮을수록 재난대비기능이 재난발생을 방지하거나 재난피 해를 최소화하는 데 기여하고 있다고 인식하였다.

5) 재난발생 시 정부의 신속한 대응과 피해의 최소화 정도

재난발생 시 정부의 신속한 대응과 피해의 최소화 정도에 대해 주민 들의 인식을 살펴본 결과는 <표 31>과 같이 5점 만점 중 전체 평균이 2.70으로, 주민들은 재난발생 시에 정부의 대응기능이 그다지 신속하고 적절하게 행사되지 않고, 피해를 최소화하는 데 기여하지 않는다고 인 식하는 것으로 나타났다.

〈표 31〉 재난발생 시 정부의 신속한 대응과 피해의 최소화 정도

구 분		N	Mean	SD	t(F)	p
성별	남	95	2.78	0.92	1.12	0.265
	여	105	2.63	0.97		
연령	20~29세	71	2.70	0.98	2.94*	0.034
	30~39세	43	2.91	0.68		
	40~49세	62	2.74	0.96		
	50세 이상	24	2.21	1.14		
직업	상업 / 자영업	39	2.62	0.99	2.26*	0.039
	유통 / 서비스 및 생산 근로자	32	2.56	1.08		
	사무직 및 공무원	35	2.86	0.97		
	경영자 및 자유전문직	22	2.14	0.71		
	교 원	28	2.86	0.76		
	학 생	23	2.96	1.07		
	기 타	21	2.90	0.77		
거주 지역	도시중심지역	131	2.78	0.94	1.62	0.107
	도시외각지역	69	2.55	0.96		
학력	중졸 이하	21	2.10	1.09	5.40**	0.005
	고 졸	51	2.67	0.95		
	대졸 이상	128	2.81	0.89		
전 체		200	2.70	0.95		

* $p<0.05$, ** $p<0.01$, *** $p<0.0001$

성별로는 남자가 여자보다 재난발생 시에 정부의 대응기능이 신속하고 적절하게 행사되고, 피해를 최소화하는 데 기여한다고 인식하였으나 통계적으로는 유의미한 차이를 보이지 않았다. 연령별로는 30~39세가 다른 연령대보다 재난발생 시에 정부의 대응기능이 신속하고 적절하게 행사되고, 피해를 최소화하는 데 기여한다고 인식하였고, 50세 이상은 다른 연령대보다 재난발생 시에 정부의 대응기능이 신속하고 적절하게 행사되지 않고, 피해를 최소화하는 데 기여하지 않는다고 인식하였으며, 연령에 따라 유의미한 차이를 보였다(F = 2.94, p<.05). 직업별로는

학생이 다른 직업 종사자보다 재난발생 시에 정부의 대응기능이 신속하고 적절하게 행사되고, 피해를 최소화하는 데 기여한다고 인식하였고, 경영자 및 자유전문직 종사자는 다른 직업 종사자보다 재난발생 시에 정부의 대응기능이 신속하고 적절하게 행사되지 않고, 피해를 최소화하는 데 기여하지 않는다고 인식하였으며, 직업에 따라 유의미한 차이를 보였다($F = 2.26$, $p < .05$).

거주 지역별로는 도시중심지역 지역에 거주하는 주민이 도시외각지역에 거주하는 주민보다 재난발생 시에 정부의 대응기능이 신속하고 적절하게 행사되고, 피해를 최소화하는 데 기여한다고 인식하였으나 거주 지역에 따른 유의미한 차이는 없었다. 학력별로는 학력이 높을수록 재난발생 시에 정부의 대응기능이 신속하고 적절하게 행사되고, 피해를 최소화하는 데 기여한다고 인식하였으며, 학력에 따라 유의미한 차이를 보였다($F = 5.40$, $p < .01$).

이상과 같이 주민들은 재난발생 시에 정부의 대응기능이 그다지 신속하고 적절하게 행사되지 않고, 피해를 최소화하는 데 기여하지 않는다고 인식하였으며, 30~39세와 학생 그리고 학력이 높을수록 재난발생 시에 정부의 대응기능이 신속하고 적절하게 행사되고, 피해를 최소화하는 데 기여한다고 인식하였다.

6) 정부 복구기능의 적절한 행사

정부 복구기능의 적절한 행사에 대해 주민들의 인식을 살펴본 결과는 <표 32>와 같이 5점 만점 중 전체 평균이 2.77로, 주민들은 재난발생 시 정부의 복구기능이 그다지 제대로 행사되고 있지 않다고 인식하는 것으로 나타났다.

〈표 32〉 정부 복구기능의 적절한 행사

구 분		N	Mean	SD	t(F)	p
성별	남	95	2.85	0.98	1.30	0.192
	여	105	2.69	0.82		
연령	20~29세	71	2.59	1.01	1.94	0.125
	30~39세	43	2.72	0.80		
	40~49세	62	2.95	0.82		
	50세 이상	24	2.88	0.90		
직업	상업 / 자영업	39	2.69	1.00	1.07	0.383
	유통 / 서비스 및 생산 근로자	32	2.88	0.87		
	사무직 및 공무원	35	2.89	0.96		
	경영자 및 자유전문직	22	2.68	0.65		
	교 원	28	2.79	0.74		
	학 생	23	2.96	0.98		
	기 타	21	2.38	0.97		
거주 지역	도시중심지역	131	2.66	0.97	-2.41^{*}	0.017
	도시외각지역	69	2.96	0.72		
학력	중졸 이하	21	2.90	0.62	0.34	0.716
	고 졸	51	2.78	0.83		
	대졸 이상	128	2.73	0.97		
전 체		200	2.77	0.90		

* $p<0.05$, ** $p<0.01$, *** $p<0.0001$

성별로는 남자가 여자보다 정부의 복구기능이 제대로 행사되고 있다고 인식하였으나 유의미한 차이는 아니었다. 연령별로는 40~49세가 다른 연령대보다 정부의 복구기능이 제대로 행사되고 있다고 인식하였고, 20~29세는 다른 연령대보다 정부의 복구기능이 제대로 행사되고 있지 않다고 인식하였으나 연령에 따른 유의미한 차이는 없었다. 직업별로는 학생이 다른 직업 종사자보다 정부의 복구기능이 제대로 행사되고 있다고 인식하였고, 기타 직업 종사자는 다른 직업 종사자보다 정부의 복구기능이 제대로 행사되고 있지 않다고 인식하였으나 통계적으로는 유의미한 차이를 보이지 않았다.

거주 지역별로는 도시외각지역에 거주하는 주민이 도시중심지역에 거주하는 주민보다 정부의 복구기능이 제대로 행사되고 있다고 인식하였으며, 거주 지역에 따라 유의미한 차이를 보였다(t = −2.41, p<.05). 학력별로는 학력이 낮을수록 정부의 복구기능이 제대로 행사되고 있다고 인식하였으나 유의미한 차이는 아니었다.

이상과 같이 주민들은 정부의 복구기능이 그다지 제대로 행사되고 있지 않다고 인식하였으며, 도시외각지역에 거주하는 주민이 도시중심지역에 거주하는 주민보다 정부의 복구기능이 제대로 행사되고 있다고 인식하였다.

7) 정부의 재난관리에 대한 평가

정부의 재난관리에 대한 주민들의 평가를 살펴본 결과는 <표 33>과 같이 5점 만점 중 전체 평균이 2.65로, 주민들은 정부의 재난관리에 대해 그다지 긍정적으로 평가하지 않는 것으로 나타났다.

성별로는 남자가 여자보다 정부의 재난관리에 대해 긍정적으로 평가하였으나 유의미한 차이는 아니었다. 연령별로는 30~49세가 다른 연령대보다 정부의 재난관리에 대해 긍정적으로 평가하였고, 20~29세는 다른 연령대보다 정부의 재난관리에 대해 긍정적으로 평가하지 않았으며, 연령에 따라 유의미한 차이를 보였다(F = 2.94, p<.05). 직업별로는 사무직 및 공무원이 다른 직업 종사자보다 정부의 재난관리에 대해 긍정적으로 평가하였고, 기타 직업 종사자는 다른 직업 종사자보다 정부의 재난관리에 대해 긍정적으로 평가하지 않았으나 직업에 따른 유의미한 차이는 없었다.

〈표 33〉 정부의 재난관리에 대한 평가

구 분		N	Mean	SD	t(F)	p
성별	남	95	2.69	0.95	0.78	0.438
	여	105	2.60	0.75		
연령	20~29세	71	2.44	0.84	2.94*	0.035
	30~39세	43	2.81	0.66		
	40~49세	62	2.81	0.92		
	50세 이상	24	2.54	0.88		
직업	상업 / 자영업	39	2.56	0.99	1.73	0.116
	유통 / 서비스 및 생산 근로자	32	2.56	0.76		
	사무직 및 공무원	35	3.03	0.86		
	경영자 및 자유전문직	22	2.59	0.73		
	교 원	28	2.68	0.77		
	학 생	23	2.57	0.90		
	기 타	21	2.38	0.74		
거주 지역	도시중심지역	131	2.61	0.92	−0.85	0.397
	도시외각지역	69	2.71	0.71		
학력	중졸 이하	21	2.81	0.75	0.51	0.604
	고 졸	51	2.59	0.80		
	대졸 이상	128	2.64	0.89		
전 체		200	2.65	0.85		

* $p < 0.05$, ** $p < 0.01$, *** $p < 0.0001$

거주 지역별로는 도시외각지역에 주민이 도시중심지역에 거주하는 주민보다 정부의 재난관리에 대해 긍정적으로 평가하였으나 통계적으로는 유의미한 차이를 보이지 않았다. 학력별로는 중졸 이하가 다른 학력 소지자보다 정부의 재난관리에 대해 긍정적으로 평가하였고, 고졸은 다른 학력 소지자보다 정부의 재난관리에 대해 긍정적으로 평가하지 않았으나 유의미한 차이는 아니었다.

이상과 같이 주민들은 정부의 재난관리에 대해 긍정적으로 평가하지 않았으며, 30~49세가 다른 연령대보다 정부의 재난관리에 대해 긍정적으로 평가하였다.

8) 재난발생 억제 및 대비 정책에서 가장 중요한 대안

재난발생 억제 및 대비 정책에서 가장 중요한 대안에 대해 주민들의 인식을 살펴본 결과는 <표 34>와 같이 재난발생 억제 및 대비 정책에서 주민에게 재난에 관한 교육을 실시하고 이를 통해 사전에 재난발생을 억제하거나 피해를 줄이는 활동을 전개하는 것이 중요하다고 인식하는 주민이 57.5%로 가장 많았으며, 다음으로 대응 및 복구담당 기관의 조직, 인원, 장비 등을 보강하고 현대화한다 22.5%, 지역개발사업에 있어서 난개발 발전계획을 규제 또는 금지한다 16.5%, 재난발생을 예측하는 과학적 활동을 강화한다 3.5% 순으로 나타났다. 성별로는 남자가 여자보다 재난발생 억제 및 대비 정책에서 주민에게 재난에 관한 교육을 실시하고 이를 통해 사전에 재난발생을 억제하거나 피해를 줄이는 활동을 전개하는 것이 중요하다고 인식하였고, 여자는 남자보다 대응 및 복구담당 기관의 조직, 인원, 장비 등을 보강하고 현대화하는 것이 중요하다고 인식하였으나 성별에 따른 유의미한 차이는 없었다. 연령별로는 39세 이하가 다른 연령대보다 재난발생 억제 및 대비 정책에서 대응 및 복구담당 기관의 조직, 인원, 장비 등을 보강하고 현대화하는 것이 중요하다고 인식하였고, 50세 이상은 다른 연령대보다 주민에게 재난에 관한 교육을 실시하고 이를 통해 사전에 재난발생을 억제하거나 피해를 줄이는 활동을 전개하는 것이 중요하다고 인식하였으나 통계적으로는 유의미한 차이를 보이지 않았다.

〈표 34〉 재난발생 억제 및 대비 정책에서 가장 중요한 대안

구 분		주민에게 재난에 관한 교육을 실시하고 이를 통해 사전에 재난발생을 억제하거나 피해를 줄이는 활동을 전개한다	지역개발사업에 있어서 난개발 발전계획을 규제 또는 금지한다	대응 및 복구담당 기관의 조직, 인원, 장비 등을 보강하고 현대화한다	재난발생을 예측하는 과학적 활동을 강화한다	계	x^2 (df)	p
성별	남	58 (61.1)	16 (16.8)	19 (20.0)	2 (2.1)	95 (100.0)	1.92 (3)	0.590
	여	57 (54.3)	17 (16.2)	26 (24.8)	5 (4.8)	105 (100.0)		
연령	20~29세	39 (54.9)	13 (18.3)	18 (25.4)	1 (1.4)	71 (100.0)	9.26 (9)	0.413
	30~39세	20 (46.5)	8 (18.6)	11 (25.6)	4 (9.3)	43 (100.0)		
	40~49세	40 (64.5)	9 (14.5)	12 (19.4)	1 (1.6)	62 (100.0)		
	50세 이상	16 (66.7)	3 (12.5)	4 (16.7)	1 (4.2)	24 (100.0)		
직업	상업 / 자영업	20 (51.3)	10 (25.6)	9 (23.1)	–	39 (100.0)	30.84*** (18)	0.000
	유통 / 서비스 및 생산직 근로자	27 (84.4)	2 (6.3)	2 (6.3)	1 (3.1)	32 (100.0)		
	사무직 및 공무원	18 (51.4)	6 (17.1)	9 (25.7)	2 (5.7)	35 (100.0)		
	경영자 및 자유전문직	15 (68.2)		6 (27.3)	1 (4.5)	22 (100.0)		
	교 원	16 (57.1)	4 (14.3)	5 (17.9)	3 (10.7)	28 (100.0)		
	학 생	11 (47.8)	6 (26.1)	6 (26.1)	–	23 (100.0)		
	기 타	8 (38.1)	5 (23.8)	8 (38.1)	–	21 (100.0)		
거주지역	도시중심지역	72 (55.0)	23 (17.6)	30 (22.9)	6 (4.6)	131 (100.0)	1.98 (3)	0.578
	도시외각지역	43 (62.3)	10 (14.5)	15 (21.7)	1 (1.4)	69 (100.0)		
학력	중졸 이하	15 (71.4)	2 (9.5)	4 (19.0)	–	21 (100.0)	6.42 (6)	0.378
	고 졸	34 (66.7)	8 (15.7)	8 (15.7)	1 (2.0)	51 (100.0)		
	대졸 이상	66 (51.6)	23 (18.0)	33 (25.8)	6 (4.7)	128 (100.0)		
계		115 (57.5)	33 (16.5)	45 (22.5)	7 (3.5)	200 (100.0)		

* p<0.05, ** p<0.01, *** p<0.0001

　직업별로는 유통／서비스 및 생산직 근로자가 다른 직업 종사보다 재난발생 억제 및 대비 정책에서 주민에게 재난에 관한 교육을 실시하고 이를 통해 사전에 재난발생을 억제하거나 피해를 줄이는 활동을 전개하는 것이 중요하다고 인식하였고, 경영자 및 자유전문직 종사자는 다른 직업 종사자보다 대응 및 복구담당 기관의 조직, 인원, 장비 등을 보강하고 현대화하는 것이 중요하다고 인식하였으며, 직업에 따라 유의미한 차이를 보였다(χ^2=30.84, p<.001).

　거주 지역별로는 도시중심지역에 거주하는 주민이 도시 외각 지역에 거주하는 주민보다 재난발생 억제 및 대비 정책 측면에서 지역개발사업에 있어서 난개발 발전계획을 규제 또는 금지하는 것이 중요하다고 인식하였고, 도시외각지역에 거주하는 주민은 도시중심지역에 거주하는 주민보다 주민에게 재난에 관한 교육을 실시하고 이를 통해 사전에 재난발생을 억제하거나 피해를 줄이는 활동을 전개하는 것이 중요하다고 인식하였으나 유의미한 차이는 아니었다. 학력별로는 학력이 낮을수록 재난발생 억제 및 대비 정책에서 주민에게 재난에 관한 교육을 실시하고 이를 통해 사전에 재난발생을 억제하거나 피해를 줄이는 활동을 전개하는 것이 중요하다고 인식하였고, 학력이 높을수록 지역개발사업에 있어서 난개발 발전계획을 규제 또는 금지하는 것이 중요하다고 인식하였으나 학력에 따른 유의미한 차이는 없었다.

　이상과 같이 재난발생 억제 및 대비 정책에서 주민에게 재난에 관한 교육을 실시하고 이를 통해 사전에 재난발생을 억제하거나 피해를 줄이는 활동을 전개하는 것이 중요하다고 인식하는 주민이 가장 많았으며, 유통／서비스 및 생산직 근로자가 다른 직업 종사자보다 재난발생 억제 및 대비 정책에서 주민에게 재난에 관한 교육을 실시하고 이를 통해 사전에 재난발생을 억제하거나 피해를 줄이는 활동을 전개하는 것이 중요하다고 인식하였다.

9) 정부 재난관리의 가장 큰 문제점

정부 재난관리의 가장 큰 문제점에 대해 주민들의 인식을 살펴본 결과는 <표 35>와 같이 정부의 재난관리의 가장 큰 문제점은 대비단계라고 인식하는 주민이 48.0%로 가장 많았으며, 다음으로 예측단계 21.0%, 복구단계 15.5%, 대응단계 14.0%, 학습단계 1.5% 순으로 나타났다.

성별로는 남자가 여자보다 정부의 재난관리의 가장 큰 문제점은 대응단계라고 인식하였고, 여자는 남자보다 대비단계라고 인식하였으나 통계적으로는 유의미한 차이를 보이지 않았다. 연령별로는 20~29세가 다른 연령대보다 정부의 재난관리의 가장 큰 문제점은 대비단계라고 인식하였고, 30~39세는 다른 연령대보다 예측단계라고 인식하였으나 유의미한 차이는 아니었다.

직업별로는 상업/자영업 종사자가 다른 직업 종사자보다 정부의 재난관리의 가장 큰 문제점은 대비단계라고 인식하였고, 사무직 및 공무원과 경영자 및 자유전문직이 다른 직업 종사자보다 예측단계라고 인식하였으나 직업에 따른 유의미한 차이는 없었다. 거주 지역별로는 도시중심지역에 거주하는 주민이 도시외각지역에 거주하는 주민보다 정부의 재난관리의 가장 큰 문제점은 대비단계라고 인식하였고, 도시외각지역에 거주하는 주민은 도시중심지역에 거주하는 주민보다 예측단계라고 인식하였으나 통계적으로는 유의미한 차이를 보이지 않았다. 학력별로는 학력이 낮을수록 정부의 재난관리의 가장 큰 문제점은 예측단계라고 인식하였고, 대졸 이상은 다른 학력 소지자보다 대비단계라고 인식하였으나 유의미한 차이는 아니었다.

이상과 같이 주민들은 정부의 재난관리의 가장 큰 문제점은 대비단계라고 인식하였으며, 성별과 연령, 직업, 거주 지역 그리고 학력별로는 차이를 보이지 않았다.

〈표 35〉 정부의 재난관리의 가장 큰 문제점

구 분		예측 단계	대비 단계	대응 단계	복구 단계	학습 단계	계	χ^2 (df)	p
성별	남	18 (18.9)	43 (45.3)	16 (16.8)	16 (16.8)	2 (2.1)	95 (100.0)	2.34 (4)	0.673
	여	24 (22.9)	53 (50.5)	12 (11.4)	15 (14.3)	1 (1.0)	105 (100.0)		
연령	20~29세	9 (12.7)	38 (53.5)	12 (16.9)	10 (14.1)	2 (2.8)	71 (100.0)	9.20 (12)	0.686
	30~39세	13 (30.2)	18 (41.9)	6 (14.0)	6 (14.0)	–	43 (100.0)		
	40~49세	13 (21.0)	29 (46.8)	7 (11.3)	12 (19.4)	1 (1.6)	62 (100.0)		
	50세 이상	7 (29.2)	11 (45.8)	3 (12.5)	3 (12.5)	–	24 (100.0)		
직업	상업 / 자영업	6 (15.4)	26 (66.7)	3 (7.7)	2 (5.1)	2 (5.1)	39 (100.0)	28.16 (24)	0.254
	유통 / 서비스 및 생산직 근로자	8 (25.0)	13 (40.6)	3 (9.4)	8 (25.0)	–	32 (100.0)		
	사무직 및 공무원	9 (25.7)	11 (31.4)	8 (22.9)	7 (20.0)	–	35 (100.0)		
	경영자 및 자유전문직	5 (22.7)	13 (59.1)	2 (9.1)	1 (4.5)	1 (4.5)	22 (100.0)		
	교 원	6 (21.4)	13 (46.4)	5 (17.9)	4 (14.3)	–	28 (100.0)		
	학 생	4 (17.4)	12 (52.2)	4 (17.4)	3 (13.0)	–	23 (100.0)		
	기 타	4 (19.0)	8 (38.1)	3 (14.3)	6 (28.6)	–	21 (100.0)		
거주 지역	도시중심지역	24 (18.3)	65 (49.6)	22 (16.8)	17 (13.0)	3 (2.3)	131 (100.0)	6.76 (4)	0.149
	도시외각지역	18 (26.1)	31 (44.9)	6 (8.7)	14 (20.3)	–	69 (100.0)		
학력	중졸 이하	6 (28.6)	10 (47.6)	3 (14.3)	2 (9.5)	–	21 (100.0)	11.13 (8)	0.195
	고 졸	11 (21.6)	23 (45.1)	5 (9.8)	9 (17.6)	3 (5.9)	51 (100.0)		
	대졸 이상	25 (19.5)	63 (49.2)	20 (15.6)	20 (15.6)	–	128 (100.0)		
계		42 (21.0)	96 (48.0)	28 (14.0)	31 (15.5)	3 (1.5)	200 (100.0)		

* $p<0.05$, ** $p<0.01$, *** $p<0.0001$

10) 우리나라 재난발생의 특징

우리나라 재난발생의 특징에 대해 주민들의 인식을 살펴본 결과는 <표 36>과 같이 임시 처방적 복구사업 때문에 반복적 재난발생이 우리나라 재난발생의 특징이라고 인식하는 주민이 67.0%로 가장 많았으며, 다음으로 경제발전을 위한 난개발의 영향과 지리적 위치와 지구환경적인 영향, 재난에 대한 전반적인 무지 11.0% 순으로 나타났다.

〈표 36〉 우리나라 재난발생의 특징

구 분		경제발전을 위한 난개발의 영향	지리적 위치와 지구환경적인 영향	임시 처방적 복구사업 때문에 반복적 재난발생	재난에 대한 전반적인 무지	계	x^2 (df)	p
성별	남	12 (12.6)	13 (13.7)	61 (64.2)	9 (9.5)	95 (100.0)	2.22 (3)	0.529
	여	10 (9.5)	9 (8.6)	73 (69.5)	13 (12.4)	105 (100.0)		
연령	20~29세	7 (9.9)	13 (18.3)	39 (54.9)	12 (16.9)	71 (100.0)	17.21* (9)	0.046
	30~39세	7 (16.3)	1 (2.3)	31 (72.1)	4 (9.3)	43 (100.0)		
	40~49세	7 (11.3)	6 (9.7)	43 (69.4)	6 (9.7)	62 (100.0)		
	50세 이상	1 (4.2)	2 (8.3)	21 (87.5)	–	24 (100.0)		
직업	상업/자영업	4 (10.3)	4 (10.3)	29 (74.4)	2 (5.1)	39 (100.0)	28.68 (18)	0.052
	유통/서비스 및 생산직 근로자	8 (25.0)	5 (15.6)	17 (53.1)	2 (6.3)	32 (100.0)		
	사무직 및 공무원	2 (5.7)	4 (11.4)	25 (71.4)	4 (11.4)	35 (100.0)		
	경영자 및 자유전문직	2 (9.1)	1 (4.5)	16 (72.7)	3 (13.6)	22 (100.0)		
	교 원	3 (10.7)	–	23 (82.1)	2 (7.1)	28 (100.0)		
	학 생	1 (4.3)	6 (26.1)	10 (43.5)	6 (26.1)	23 (100.0)		
	기 타	2 (9.5)	2 (9.5)	14 (66.7)	3 (14.3)	21 (100.0)		

구 분		경제발전을 위한 난개발의 영향	지리적 위치와 지구환경적인 영향	임시 처방적 복구사업 때문에 반복적 재난발생	재난에 대한 전반적인 무지	계	x^2 (df)	p
거주 지역	도시중심지역	14 (10.7)	17 (13.0)	86 (65.6)	14 (10.7)	131 (100.0)	1.52 (3)	0.678
	도시외각지역	8 (11.6)	5 (7.2)	48 (69.6)	8 (11.6)	69 (100.0)		
학력	중졸 이하	–	2 (9.5)	18 (85.7)	1 (4.8)	21 (100.0)	8.58 (6)	0.198
	고 졸	8 (15.7)	3 (5.9)	36 (70.6)	4 (7.8)	51 (100.0)		
	대졸 이상	14 (10.9)	17 (13.3)	80 (62.5)	17 (13.3)	128 (100.0)		
계		22 (11.0)	22 (11.0)	134 (67.0)	22 (11.0)	200 (100.0)		

* p<0.05, ** p<0.01, *** p<0.0001

성별로는 남자가 여자보다 경제발전을 위한 난개발의 영향이 우리나라 재난발생의 특징이라고 인식하였고, 여자는 남자보다 임시 처방적 복구사업 때문에 반복적 재난발생이 우리나라 재난발생의 특징이라고 인식하였으나 유의미한 차이는 아니었다. 연령별로는 30~39세가 다른 연령대보다 경제발전을 위한 난개발의 영향이 우리나라 재난발생의 특징이라고 인식하였고, 50세 이상은 다른 연령대보다 임시 처방적 복구사업 때문에 반복적 재난발생이 우리나라 재난발생의 특징이라고 인식하였으며, 연령에 따라 유의미한 차이를 보였다(x^2=17.21, p<.05).

직업별로는 유통 / 서비스 및 생산직 근로자가 다른 직업 종사자보다 경제발전을 위한 난개발의 영향이 우리나라 재난발생의 특징이라고 인식하였고, 교원은 다른 직업 종사자보다 임시 처방적 복구사업 때문에 반복적 재난발생이 우리나라 재난발생의 특징이라고 인식하였으나 직업에 따른 유의미한 차이는 없었다. 거주 지역별로는 도시중심지역에 거주하는 주민이 도시외각지역에 거주하는 주민보다 지리적 위치와 지구환경적인 영향이 우리나라 재난발생의 특징이라고 인식하였고, 도시외각지역에 거주하는 주민은 도시중심지역에 거주하는 주민보다 임시 처방적 복구사업 때문에 반복적 재난발생이 우리나라 재난발생의 특징이라고 인식하였으나 통계적으로는 유의미한 차이를 보이지 않았다. 학력별로는 학력이 낮을수록 임시 처방적 복구사업 때문에 반복적 재난발생이 우리나라 재난발생의 특징이라고 인식하였고, 학력이 높을수록 재난에 대한 전반적인 무지가 우리나라 재난발생의 특징이라고 인식하였으나 유의미한 차이는 아니었다.

이상과 같이 임시 처방적 복구사업 때문에 반복적 재난발생이 우리나라 재난발생의 특징이라고 인식하는 주민이 가장 많았으며, 50세 이상이 다른 연령대보다 임시 처방적 복구사업 때문에 반복적 재난발생이 우리나라 재난발생의 특징이라고 인식하였다.

11) 재난관리의 주도적인 역할 담당기관

재난관리의 주도적인 역할 담당기관에 대해 주민들의 인식을 살펴본 결과는 <표 37>와 같이 재난관리의 주도적인 역할은 소방방재청이 담당하는 것이 적절하다고 인식하는 주민이 78.0%로 대부분을 차지하였으며, 다음으로 산림청 7.5%, 민방위 7.0%, 군 4.0%, 경찰청 3.5% 순으로 나타났다.

성별로는 남자와 여자가 별다른 차이 없이 재난관리의 주도적인 역할은 소방방재청이 담당하는 것이 적절하다고 인식하는 주민이 대부분을 차지하였다. 연령별로는 40~49세가 다른 연령대보다 재난관리의 주도적인 역할은 소방방재청이 담당하는 것이 적절하다고 인식하였고, 20~29세는 다른 연령대보다 산림청에서 담당하는 것이 적절하다고 인식하였으며, 연령에 따라 유의미한 차이를 보였다($\chi^2 = 25.69$, p<.05).

직업별로는 교원이 다른 직업 종사자보다 재난관리의 주도적인 역할은 소방방재청이 담당하는 것이 적절하다고 인식하였고, 학생은 다른 직업 종사자보다 산림청이 담당하는 것이 적절하다고 인식하였으나 유의미한 차이는 아니었다. 거주 지역별로는 도시중심지역에 거주하는 주민이 도시외각지역에 거주하는 주민보다 재난관리의 주도적인 역할은 민방위국에서 담당하는 것이 적절하다고 인식하였고, 도시외각지역에 거주하는 주민은 도시중심지역에 거주하는 주민보다 소방방재청이 담당하는 것이 적절하다고 인식하였으나 거주 지역에 따른 유의미한 차이는 없었다. 학력별로는 학력이 낮을수록 재난관리의 주도적인 역할은 소방방재청이 담당하는 것이 적절하다고 인식하였고, 고졸은 다른 학력 소지자보다 산림청과 민방위국에서 담당하는 것이 적절하다고 인식하였으나 통계적으로는 유의미한 차이를 보이지 않았다. 이상과 같이 주민들은 재난관리의 주도적인 역할은 소방방재청이 담당하는 것이 가장 적절하다고 인식하였으며, 40~49세가 다른 연령대보다 재난관리의 주도적인 역할은 소방방재청이 담당하는 것이 적절하다고 인식하였다.

〈표 37〉 재난관리의 주도적인 역할 담당기관

구 분		소방방재청	경찰청	산림청	민방위국	군	계	χ^2 (df)	p
성별	남	75 (78.9)	3 (3.2)	7 (7.4)	6 (6.3)	4 (4.2)	95 (100.0)	0.23 (4)	0.994
	여	81 (77.1)	4 (3.8)	8 (7.6)	8 (7.6)	4 (3.8)	105 (100.0)		
연령	20~29세	45 (63.4)	6 (8.5)	10 (14.1)	4 (5.6)	6 (8.5)	71 (100.0)	25.69* (12)	0.012
	30~39세	37 (86.0)	–	2 (4.7)	4 (9.3)	–	43 (100.0)		
	40~49세	54 (87.1)	1 (1.6)	2 (3.2)	3 (4.8)	2 (3.2)	62 (100.0)		
	50세 이상	20 (83.3)	–	1 (4.2)	3 (12.5)	–	24 (100.0)		

구 분		소방방재청	경찰청	산림청	민방위국	군	계	χ^2 (df)	p
직업	상업 / 자영업	27 (69.2)	–	5 (12.8)	4 (10.3)	3 (7.7)	39 (100.0)		
	유통 / 서비스 및 생산직 근로자	23 (71.9)	–	4 (12.5)	3 (9.4)	2 (6.3)	32 (100.0)		
	사무직 및 공무원	32 (91.4)	1 (2.9)	–	2 (5.7)	–	35 (100.0)		
	경영자 및 자유전문직	18 (81.8)	1 (4.5)	1 (4.5)	1 (4.5)	1 (4.5)	22 (100.0)	31.88 (24)	0.130
	교 원	26 (92.9)	–	–	1 (3.6)	1 (3.6)	28 (100.0)		
	학 생	13 (56.5)	3 (13.0)	4 (17.4)	2 (8.7)	1 (4.3)	23 (100.0)		
	기 타	17 (81.0)	2 (9.5)	1 (4.8)	1 (4.8)	–	21 (100.0)		
거주 지역	도시중심지역	100 (76.3)	4 (3.1)	10 (7.6)	11 (8.4)	6 (4.6)	131 (100.0)	1.74 (4)	0.784
	도시외각지역	56 (81.2)	3 (4.3)	5 (7.2)	3 (4.3)	2 (2.9)	69 (100.0)		
학력	중졸 이하	19 (90.5)	–	1 (4.8)	1 (4.8)	–	21 (100.0)		
	고 졸	40 (78.4)	–	5 (9.8)	5 (9.8)	1 (2.0)	51 (100.0)	7.93 (8)	0.440
	대졸 이상	97 (75.8)	7 (5.5)	9 (7.0)	8 (6.3)	7 (5.5)	128 (100.0)		
계		156 (78.0)	7 (3.5)	15 (7.5)	14 (7.0)	8 (4.0)	200 (100.0)		

* p<0.05, ** p<0.01, *** p<0.0001

12) 재난관리의 효율적 운영을 위한 협력관계 정도

재난관리의 효율적 운영을 위한 협력관계 정도에 대해 주민들의 인식을 살펴본 결과는 <표 38>와 같이 5점 만점 중 전체 평균이 2.60으로, 주민들은 재난관리의 효율적 운영을 위해 협력관계가 그다지 충분하지 않다고 인식하는 것으로 나타났다.

〈표 38〉 재난관리의 효율적 운영을 위한 협력관계 정도

구 분		N	Mean	SD	t(F)	p
성별	남	95	2.65	0.92	0.88	0.383
	여	105	2.54	0.86		
연령	20~29세	71	2.51	0.88	0.43	0.733
	30~39세	43	2.60	0.82		
	40~49세	62	2.65	0.96		
	50세 이상	24	2.71	0.86		
직업	상업 / 자영업	39	2.31	0.83	3.12^{**}	0.006
	유통 / 서비스 및 생산 근로자	32	2.78	0.75		
	사무직 및 공무원	35	2.89	0.99		
	경영자 및 자유전문직	22	2.41	0.85		
	교 원	28	2.61	0.79		
	학 생	23	2.91	0.95		
	기 타	21	2.19	0.81		
거주 지역	도시중심지역	131	2.60	0.91	0.01	0.992
	도시외각지역	69	2.59	0.85		
학력	중졸 이하	21	2.67	0.80	0.22	0.800
	고 졸	51	2.53	0.88		
	대졸 이상	128	2.61	0.91		
전 체		200	2.60	0.89		

* $p<0.05$, ** $p<0.01$, *** $p<0.0001$

성별로는 남자가 여자보다 재난관리의 효율적 운영을 위해 협력관계가 충분하다고 인식하였으나 유의미한 차이는 아니었다. 연령별로는 연령이 많을수록 재난관리의 효율적 운영을 위해 협력관계가 충분하다고 인식하였으나 연령에 따른 유의미한 차이는 없었다. 직업별로는 학생이 다른 직업 종사자보다 재난관리의 효율적 운영을 위해 협력관계가 충분하다고 인식하였고, 기타 직업 종사자는 다른 직업 종사자보다 재난관리의 효율적 운영을 위해 협력관계가 충분하지 않다고 인식하였으며, 직업에 따라 유의미한 차이를 보였다($F = 3.12$, $p<.01$).

거주 지역별로는 도시중심지역에 거주하는 주민과 도시외각지역에 거주하는 주민이 별다른 차이 없이 재난관리의 효율적 운영을 위해 협력관계가 그다지 충분하지 않다고 인식하였다. 학력별로는 중졸 이하가 다른 학력 소지자보다 재난관리의 효율적 운영을 위해 협력관계가 충분하다고 인식하였고, 고졸은 다른 학력 소지자보다 재난관리의 효율적 운영을 위해 협력관계가 충분하지 않다고 인식하였으나 통계적으로는 유의미한 차이를 보이지 않았다.

이상과 같이 재난관리의 효율적 운영을 위해 협력관계가 그다지 충분하지 않다고 인식하였으며, 학생이 다른 직업 종사자보다 재난관리의 효율적 운영을 위해 협력관계가 충분하다고 인식하였다.

13) 효율적인 재난관리를 위한 협력관계 모색의 필요성

효율적인 재난관리를 위한 협력관계 모색의 필요성에 대해 주민들의 인식을 살펴본 결과는 <표 39>과 같이 5점 만점 중 전체 평균이 4.20으로, 주민들은 효율적인 재난관리를 위해 협력관계의 모색이 필요하다고 인식하는 것으로 나타났다.

성별로는 남자가 여자보다 효율적인 재난관리를 위해 협력관계의 모색이 필요하다고 인식하였으나 통계적으로는 유의미한 차이를 보이지 않았다. 연령별로는 30~39세가 다른 연령대보다 효율적인 재난관리를 위해 협력관계의 모색이 필요하다고 인식하였고, 50세 이상은 다른 연령대보다 효율적인 재난관리를 위해 협력관계의 모색이 필요하지 않다고 인식하였으며, 연령에 따라 유의미한 차이를 보였다(F=3.01, p<.05). 직업별로는 교원이 다른 직업 종사자보다 효율적인 재난관리를 위해 협력관계의 모색이 필요하다고 인식하였고, 유통/서비스 및 생산직 근로자는 다른 직업 종사자보다 효율적인 재난관리를 위해 협력관계의

모색이 필요하지 않다고 인식하였으나 유의미한 차이는 아니었다.

〈표 39〉 효율적인 재난관리를 위한 협력관계 모색의 필요성

구 분		N	Mean	SD	t(F)	p
성별	남	95	4.32	0.82	1.74	0.084
	여	105	4.10	0.97		
연령	20~29세	71	4.30	0.95	3.01*	0.031
	30~39세	43	4.33	0.84		
	40~49세	62	4.19	0.87		
	50세 이상	24	3.71	0.86		
직업	상업 / 자영업	39	4.36	0.90	1.80	0.100
	유통 / 서비스 및 생산 근로자	32	4.03	0.86		
	사무직 및 공무원	35	4.06	0.76		
	경영자 및 자유전문직	22	3.91	0.92		
	교 원	28	4.57	0.63		
	학 생	23	4.13	1.14		
	기 타	21	4.29	1.06		
거주 지역	도시중심지역	131	4.41	0.76	4.44***	0.000
	도시외각지역	69	3.80	1.01		
학력	중졸 이하	21	3.57	0.87	10.99***	0.000
	고 졸	51	3.96	0.94		
	대졸 이상	128	4.40	0.83		
전 체		200	4.20	0.90		

* $p<0.05$, ** $p<0.01$, *** $p<0.0001$

거주 지역별로는 도시중심지역에 거주하는 주민이 도시외각지역에 거주하는 주민보다 효율적인 재난관리를 위해 협력관계의 모색이 필요하다고 인식하였으며, 거주 지역에 따라 유의미한 차이를 보였다(t = 4.44, $p<.001$). 학력별로는 학력이 높을수록 효율적인 재난관리를 위해 협력관계의 모색이 필요하다고 인식하였으며, 학력에 따라 유의미한 차이를 보였다(F = 10.99, $p<.001$).

이상과 같이 주민들은 효율적인 재난관리를 위해 협력관계의 모색이 필요하다고 인식하였으며, 30~39세와 도시중심지역에 거주하는 주민 그리고 학력이 높을수록 효율적인 재난관리를 위해 협력관계의 모색이 필요하다고 인식하였다.

14) 재난관리를 전담하는 정부기관의 형태

재난관리를 전담하는 정부기관의 형태에 대해 주민들의 인식을 살펴본 결과는 <표 40>과 같이 재난관리를 전담하는 정부기관 형태로 소방방재청을 재난에 대한 최고기관으로 하여 직무를 체계화시키고 기관 간의 역할을 분담하는 것이 필요하다고 인식하는 주민이 48.5%로 가장 많았으며, 다음으로 현재와 같은 재난관리기관들을 수평적으로 연계, 체계화하여 효율성을 증대시킨다와 미국의 국토보안부와 같은 각종의 재난에 대처하는 별도의 기관을 설치한다 20.5%, 국방부를 재난에 대한 최고기관으로 하여 재난관련기관의 역할을 분담한다 6.0%, 민방위를 재난에 대한 최고기관으로 하여 재난관련기관 간의 역할을 분담한다 5.0% 순으로 나타났다.

성별로는 남자가 여자보다 재난관리를 전담하는 정부기관 형태로 소방방재청을 재난에 대한 최고기관으로 하여 직무를 체계화시키고 기관 간의 역할을 분담하는 것이 필요하다고 인식하였고, 여자는 남자보다 현재와 같은 재난관리기관들을 수평적으로 연계, 체계화하여 효율성을 증대시키는 것이 필요하다고 인식하였으나 유의미한 차이는 아니었다. 연령별로는 40~49세가 다른 연령대보다 재난관리를 전담하는 정부기관 형태로 소방방재청을 재난에 대한 최고기관으로 하여 직무를 체계화시키고 기관 간의 역할을 분담하는 것이 필요하다고 인식하였고, 50세 이상은 다른 연령대보다 현재와 같은 재난관리기관들을 수평적으로 연계, 체계화하여 효율성을 증대시키는 것이 필요하다고 인식하였으나 연령에 따른 유의미한 차이는 없었다. 직업별로는 상업 / 자영업 종사자가 다른 직업 종사자보다 재난관리를 전담하는 정부기관 형태로 소방방재청을 재난에 대한 최고기관으로 하여 직무를 체계화시키고 기관 간의 역할을 분담하는 것이 필요하다고 인식하였고, 경영자 및 자유전문직은 다른 직업 종사자보다 현재와 같은 재난관리기관들을 수평적으로 연계, 체계화하여 효율성을 증대시키는 것이 필요하다고 인식하였으며, 직업에 따라 유의미한 차이를 보였다($\chi^2 = 37.54$, p<.05).

거주 지역별로는 도시중심지역에 거주하는 주민이 도시외각지역에 거주하는 주민보다 재난관리를 전담하는 정부기관 형태로 미국의 국토보안부와 같은 각종의 재난에 대처하는 별도의 기관을 설치하는 것이 필요하다고 인식하였고, 도시외각지역에 거주하는 주민은 도시중심지역에 거주하는 주민보다 소방방재청을 재난에 대한 최고기관으로 하여 직무를 체계화시키고 기관 간의 역할을 분담하는 것이 필요하다고 인식하였으며, 거주 지역에 따라 유의미한 차이를 보였다($\chi^2 = 13.15$, p<.05). 학력별로는 학력이 낮을수록 재난관리를 전담하는 정부기관 형태로 현재와 같은 재난관리기관들을 수평적으로 연계, 체계화하여 효율성을 증대시키는 것이 필요하다고 인식하였고, 고졸은 다른 학력 소지자보다 소방방재청을 재난에 대한 최고기관으로 하여 직무를 체계화시키고 기관 간의 역할을 분담하는 것이 필요하다고 인식하였으며, 학력에 따라 유의미한 차이를 보였다($\chi^2 = 24.76$, p<.001).

이상과 같이 주민들은 재난관리를 전담하는 정부기관 형태로 소방방재청을 재난에 대한 최고기관으로 하여 직무를 체계화시키고 기관 간의 역할을 분담하는 것이 가장 필요하다고 인식하였으며, 상업 / 자영업 종사자와 도시외각지역에 거주하는 주민 그리고 고졸인 주민이 다른 주민보다 재난관리를 전담하는 정부기관 형태로 소방방재청을 재난에 대한 최고기관으로 하여 직무를 체계화시키고 기관 간의 역할을 분담하는 것이 필요하다고 인식하였다.

〈표 40〉 재난관리를 전담하는 정부기관의 형태

구 분		현재와 같은 재난관리기관들을 수평적으로 연계, 체계화하여 효율성을 증대시킨다	소방방재청을 재난에 대한 최고기관으로 하여 직무를 체계화시키고 기관 간의 역할을 분담한다	국방부를 재난에 대한 최고기관으로 하여 재난관련기관의 역할을 분담한다	민방위를 재난에 대한 최고기관으로 하여 재난관련기관 간의 역할을 분담한다	미국의 국토보안부와 같은 각종의 재난에 대처하는 별도의 기관을 설치한다	계	x^2 (df)	p
성별	남	15 (15.8)	51 (53.7)	4 (4.2)	5 (5.3)	20 (21.1)	95 (100.0)	4.19 (4)	0.381
	여	26 (24.8)	46 (43.8)	8 (7.6)	4 (3.8)	21 (20.0)	105 (100.0)		
연령	20~29세	13 (18.3)	27 (38.0)	8 (11.3)	3 (4.2)	20 (28.2)	71 (100.0)	20.29 (12)	0.062
	30~39세	8 (18.6)	23 (53.5)	1 (2.3)	1 (2.3)	10 (23.3)	43 (100.0)		
	40~49세	11 (17.7)	35 (56.5)	2 (3.2)	3 (4.8)	11 (17.7)	62 (100.0)		
	50세 이상	9 (37.5)	12 (50.0)	1 (4.2)	2 (8.3)	-	24 (100.0)		
직업	상업 / 자영업	5 (12.8)	23 (59.0)	1 (2.6)	1 (2.6)	9 (23.1)	39 (100.0)	37.54* (24)	0.039
	유통 / 서비스 및 생산직 근로자	9 (28.1)	16 (50.0)	2 (6.3)	1 (3.1)	4 (12.5)	32 (100.0)		
	사무직 및 공무원	7 (20.0)	18 (51.4)	3 (8.6)	3 (8.6)	4 (11.4)	35 (100.0)		
	경영자 및 자유전문직	9 (40.9)	8 (36.4)	1 (4.5)	1 (4.5)	3 (13.6)	22 (100.0)		
	교 원	3 (10.7)	14 (50.0)	-	1 (3.6)	10 (35.7)	28 (100.0)		
	학 생	3 (13.0)	6 (26.1)	5 (21.7)	2 (8.7)	7 (30.4)	23 (100.0)		
	기 타	5 (23.8)	12 (57.1)	-	-	4 (19.0)	21 (100.0)		
거주 지역	도시중심지역	22 (16.8)	61 (46.6)	6 (4.6)	6 (4.6)	36 (27.5)	131 (100.0)	13.15* (4)	0.011
	도시외각지역	19 (27.5)	36 (52.2)	6 (8.7)	3 (4.3)	5 (7.2)	69 (100.0)		
학력	중졸 이하	8 (38.1)	9 (42.9)	2 (9.5)	-	2 (9.5)	21 (100.0)	24.76** (8)	0.003
	고 졸	13 (25.5)	33 (64.7)	1 (2.0)	2 (3.9)	2 (3.9)	51 (100.0)		
	대졸 이상	20 (15.6)	55 (43.0)	9 (7.0)	7 (5.5)	37 (28.9)	128 (100.0)		
계		41 (20.5)	97 (48.5)	12 (6.0)	9 (4.5)	41 (20.5)	200 (100.0)		

* p<0.05, ** p<0.01, *** p<0.0001

제3절 분석 및 논의

1. 분 석

앞의 설문조사 결과를 요약·정리해보면 다음과 같다.

첫째, 재난의 심각성에 대해 주민들의 인식을 살펴본 결과, 평소 재난에 대해 재난이 있은 후 시간이 흘러감에 따라 점차 인식하지 않게 된다고 인식하는 주민이 가장 많았으며, 거주 지역이 자연재난 및 인위재난으로부터 위험한 상태에 그다지 있지 않다고 인식하였다. 과거의 재난 중에는 1995년의 삼풍백화점의 붕괴가 규모가 가장 큰 재난이며, 우리사회에서 시민들에게 1995년의 삼풍백화점의 붕괴가 가장 큰 위기의식을 불러온 재난이라고 인식하였다. 인위성 재난사고가 다시 발생할 가능성이 높게 인식하였으며, 재난 가운데 해일, 태풍, 홍수가 가장 심각하다고 인식하였다.

둘째, 재난사고의 발생과 원인에 대해 주민들의 인식을 살펴본 결과, 주민들은 기업의 부실공사 등 비윤리적 시공과 국민들의 안전에 대한 무관심, 정부기관의 관리 소홀, 경제개발, 지역사회개발에의 관심 그리고 사회 전반에 적당주의 및 조급주의 만연과 재난사고 발생과의 관계를 높게 인식하였으며, 특히 정부기관의 관리 소홀과 재난사고 발생과의 관계를 높게 인식하였다.

셋째, 재난에 대한 대응방안에 대해 주민들의 인식을 살펴본 결과, 재난예방교육은 법률제정에 의한 강제성을 띠는 것이 가장 효율적이며, 재난예방교육은 지방자치단체에서 담당하는 것이 가장 바람직하다고 인식하였다. 정부의 재난관리 예측기능은 그다지 정확하고 효율적으로 행사되고 있지 않으며, 정부의 재난대비기능과 대응기능, 복구기능에 대해서 그다지 긍정적으로 인식하지 않았고, 전반적으로 정부의 재난관리에 대해 긍정적으로 평가하지 않았다.

또한 재난발생 억제 및 대비 정책에 대해서는 주민에게 재난에 관한 교육을 실시하고 이를 통해 사전에 재난발생을 억제하거나 피해를 줄이는 활동을 전개하는 것이 가장 중요하며, 정부의 재난관리의 가장 큰 문제점은 대비단계에 있고, 우리나라 재난발생의 특징은 임시 처방적 복구사업 때문에 반복적으로 재난발생이라고 인식하였다. 재난관리의 주도적인 역할은 소방방재청이 담당하는 것이 가장 적절하고, 재난관리의 효율적 운영을 위해 협력관계가 그다지 충분하지 않다고 인식하였다. 효율적인 재난관리를 위해서는 협력관계의 모색이 필요하며, 재난관리를 전담하는 정부기관 형태로 소방방재청을 재난에 대한 최고 기관으로 하여 직무를 체계화시키고 기관 간의 역할을 분담하는 것이 가장 필요하다고 인식하였다.

2. 논의 및 재난관리 대책

1) 예방중심의 재난관리체계 확립

(1) 재난대비

대비단계의 비상계획에는 재난의 피해를 최소화하기 위한 조기경보체계와 긴급통신망 구축, 비상연락망과 통신망 정비 및 효과적인 비상대응 활동의 확립이 포함된다.[120] 또한 재난발생 시 투입될 자원과 관련하여 신속하게 배분될 수 있도록 자원배분의 우선순위가 이 단계에서 설정되어야 하며, 재난발생 시 정상적으로 사용할 수 있는 자원 외에 예측지 못한 재난에 대해서도 자원이 투입될 수 있는 특별자원 확보방안도 마련되어야 한다.121) 재난발생 시 대응단계에서 일어날 수 있는 조직 간·지역 간의 갈등을 조정하는 문제와 일반국민에 대한 홍보와 훈련 등도 이 단계에서 주의 깊게 다루어져야 한다. 특히 응급의료 체계에 있어 병원들과 재난관리기관들과의 긴밀한 협조는 재난의 인명 피해를 줄이는 데 있어 중요한 문제이다.122) 또한 재난과 관련한 정보의 수집과 분석이 체계적이고 포괄적이며 지속적으로 이루어질 수 있도록 하여야 하며, 이를 토대로 재난의 정도를 판단하고 전개될 재난에 대한 예측과 대비가 이루어질 수 있도록 하여야 한다. 또한 재난은 운이 없는 사람에게 내리는 천벌이라는 생각을 가지고 운에 맡기는 실정의 사회풍토가 조성되어서는 안 되며, 사전예방과 그 대비방법을 알면 그 피해를 줄이고 예방이 가능하다는 사실을 교육해야 한다. 이를 위해서는 초등학교 및 중등학교에서 재난관리에 대한 교육이 실시되어야 한다.

(2) 인력 양성 및 교육훈련 강화

효율적인 재난예방교육에 대해 주민들의 인식을 분석한 결과를 바탕으로 재난예방교육은 법률제정에 의한 강제성을 띠는 것이 효율적이라고 인식하는 주민이 가장 많았으며, 재난관리는 조직이나 제도 및 장

---

120) Bruce B. Clary (1985), The Evolution and Structure of Natural Hazard Policies, *Public Administration Review* 45, p.20.

121) Zimmerman(1985), The Relationship of Emergency Management to Governmental Policies on Man-Made Technological Disasters. P.A.R 45, pp.35-6.

122) Kathleen J. Tierney(1985), Emergency Medical Preparedness and Response in Disasters: The Need for Intergovernmental Cordination. *Public Administrarion Reciew* 45, pp.77-8.

비만 우수하다고 되는 것은 아니다. 따라서 재난의 예방 및 점검방법 등 재난에 대한 기초연구, 재난발생 시의 긴급구조·구난체계 연구, 사고원인 분석 및 피해조사 등 재난과 관련된 연구기능을 강화해야 하고, 이와 더불어 담당인력에 대한 체계적이고 적절한 교육과 훈련을 실시해야 한다. 또한 다양한 응급상황에 여러 방재 주체들이 유기적으로 신속히 대응해 나가기 위해서는 방재계획과 그에 따른 시나리오에 의한 반복된 교육·훈련을 실시하여 방재인력의 숙달과 전문화에 기여해야 한다.

2) 체계적인 재난관리대응체계 구축

(1) 비상대응 제도적 장치 마련

주민들은 인위재난이 발생할 가능성이 있다고 인식하고 있으며, 미국 등 선진국의 경우, 각 운영기관이 비상대응계획을 수립하고 국가기관이 검토·승인하여 법제화되어 있으며, 모든 직원이 매뉴얼에 따라 초기에 대처하도록 의무하고 있다.

우리나라의 경우 비상대응계획 수립 및 관련 제도적 장치가 미흡하여 현장 초기대처 지연으로 피해가 확산되었다. 따라서 재난유형별로 실효성 있는 매뉴얼 작성과 관련한 사전대비를 하여야 한다. 또한 중앙의 기능이 지방으로 일관성 있게 파급되기 위해서는 광역단위에서 통합 운영하는 재난관리체계 구축이 필요하며, 유사 업무인 소방, 방재, 민방위 및 안전관리 부서를 소방기관 중심으로 통합하여 운영하는 방안이 필요하다.

이와 더불어 효율적인 재난관리체계 확립을 위하여 중앙정부와 광역자치단체, 기초자치단체가 연계되어야 할 뿐만 아니라 재난관리체계에서 활동하는 기관들이 체계적으로 활동할 수 있도록 네트워크로 구축되어야 하며, 여기에는 민간부문 조직의 참여가 제도화되어야 한다.

(2) 방재 및 구난 첨단장비 확보

재난관리과정 중에서도 특히 재난발생 후의 응급대응과 복구를 위한 막대한 인적·물적 자원의 동원이 필요하다. 재난 현장에 필수적으로 필요한 장비확보는 소방관서에서 모든 장비를 확보할 수는 없으며 필수장비들 외에는 군부대 및 건설현장에서 활용할 수 있다. 따라서 재난 시 전기, 수도, 가스 등 각종 공공서비스의 파괴로 인한 피해를 최소화할 수 있도록 효과적인 초동진압을 위한 첨단장비가 구비되어야 한다.

3) 사후로서의 복구단계

(1) 주민참여 강화와 민간지원체계 강화

재난관리에 있어서 중요한 것은 시간적 제약 속에서 즉각적인 대응을 해야 한다. 앞의 설문조사 결과에서도 보았듯이 주민들은 효율적인 재난관리를 위해서는 협력관계의 모색이 필요하다고 인식하였다. 따라서 재난에 대한 일차적인 대응 주체인 주민의 효과적인 대응이 중요하다.

물론 지역주민이 재난관리에 참여한다고 하는 것은 개인적 차원이 아니라 비영리조직과 자원봉사조직을 통한 조직화된 참여를 의미하며, 지역주민의 적극적인 참여하에서 재난관리과정이 이루어질 때 그 효과성이 극대화될 것이다. 그러므로 주민의 효과적인 대응을 위해서는 재난지역에 대한 복구는 일차적으로 주민이, 이차적으로는 지방자치단체

가 책임진다는 인식과 복구에 대한 지방자치단체의 지원도 지역주민의
의지에 상응한 지원이 이루어져야 한다.

또한 재난에 대한 민간지원단체로서 적십자나 전국재해대책협의회
활동의 강화와 더불어 각 지역별 재난지원을 위한 자원단체의 설립이
요망된다. 재난으로 인한 이재민을 위한 취로사업의 지원을 비롯한 직
업전도사업, 소득증대사업, 학자금구호사업과 주택복구사업, 지하수개발
사업 등 그 사업의 범위를 넓혀야 하고, 각 지역의 실정에 적합한 지
역별 재난지원단체가 설립되어야 한다. 각 지역마다 재난의 종류와 내
용이 다르기 때문에 각 지역의 실정에 적합한 목적을 가지는 지원단체
가 설립되어야 한다. 이와 더불어 재난에 대한 민간지원단체가 물질적
인 지원 활동뿐만 아니라 지방자치단체의 재난 활동에 대한 감시와 통
제 등의 기능을 수행해야 하며, 바람직한 재난관리가 이루어질 수 있
는 방안을 강구 · 제시하는 기능도 함께 수행해야 한다.

(2) 대응과 복구업무의 효율화

재난에 대비하기 위한 관련 여러 제도의 마련과 운영이 중요함과 함
께 재난이 발생한 후에 복구와 구호업무를 효율적으로 운영하여야 한
다. 첫째, 피해보고절차의 간소화가 이루어져야 한다. 둘째, 피해조사의
합리화가 이루어져야 한다. 셋째, 복구계획을 수립하고 집행함으로써
끝나는 것이 아니고 그 계획을 집행하는 과정에 있어서 지침 · 검사를
철저히 하고 그 집행이 끝난 후에도 평가하여 다음의 복구계획을 수립
하는 데 하나의 자료로써 활용할 수 있어야 한다. 넷째, 피해가 큰 경
우 공공시설의 복구를 위해서는 예비비만으로는 곤란하고 국고의 지방
비에서 이를 위한 정식기금이 마련되어야 할 것이다.

4) 제도상의 보완

(1) 개별법령의 제정

재난관리 관련 조직과 기능이 다원화되어 관리되고 있는데, 분야별 예방기능은 각 개별 법령에 따라 수행하며 지방조직 또한 소관 부서별로 담당하고 있다. 70여 개 안전관리 법령을 18개 부·처·청에서 관여하는 문서 위주의 관리이고 이들 관계기관 간의 이해관계가 첨예하게 대립하고 있어 정책심의 및 총괄 조정 기능이 취약하며 관련법 간의 연계성이 미흡하다

또한 우리나라의 재난관련 법령은 대통령령에 지나치게 의존하고 있으며, 자연재난과 인위재난으로 나누어 개별법이 혼재된 상태로 방치되고 있다. 따라서 재난예방과 관리를 위한 각종 조치에 대한 통일적 규정을 마련하여 재난관리행정체계 구축에 도움이 되도록 할 법률적 노력이 필요하다. 재난관리를 위해 다양한 기관들의 협조와 합리적으로 연계된 협력관계를 맺어야 한다.

(2) 재난영향평가제도의 도입

재난영향평가란 개발행위를 원하는 사업의 주체가 사업계획을 수립하면서 계획사업의 시행에 따라 재난에 미치는 영향을 사전에 예측·평가하고 그 결과에 따라 재난을 최소화하도록 사업계획을 수정·변경하거나 최선의 대안을 선택하도록 하는 계획과정의 일환으로서 이 과정을 거쳐 최종적으로 선택된 것이 확정된 사업계획이 된다. 따라서 재난의 발생가능성이나 그 피해를 최소화하는 사업이 되도록 재난영향평가라는 절차가 제도화되어야 한다.

위해분석과 위험성 평가의 산출방법은 위해사고의 잠재적 요인과 그

영향의 강도에 대한 조직적인 확인을 의미한다. 이를 위해 확인(hazard identification) → 강도분석(consequence analysis) → 확률 / 빈도분석(probability / frequency analysis) → 위험성 평가(risk assessment)의 과정으로 이루어진다.[123] 이를 수행하는 재난영향평가기관은 국·공립연구기관, 정부출연 연구기관, 대학부설연구소, 기타 재난관리목적으로 설립된 법인 등이 하도록 한다. 국가재난관리청장이 재난영향평가서를 검토하여 사업자, 관할시장·군수·구청장, 관계행정기관에 통보하는 체계로 이루어져야 한다.

(3) 방재기본계획의 내실화

장기적으로 재난으로부터 국토를 보전하고 국민의 안전을 보장하고 재난근절의 궁극목표를 지향하면서 최근에 있었던 재난의 실정을 참작하여 재난의 미연방지, 피해의 경감 및 재난복구를 위한 제시책 등에 대하여 그 기본이 되는 것을 정함과 동시에 시·도 계획, 시·군·구 계획 작성을 위한 기준을 제시하는 계획이 방재기본계획이다. 따라서 이러한 방재기본계획이 내실 있게 운영되어야 한다.

5) 재정적 지원

재난대비행정에 대한 인식이 낮고 이에 의해 정책적 우선순위에서 밀리게 됨에 따라 재난복구에 투입되는 비용에 비하여 사전예방을 위한 활동에 투입되는 예산은 매우 적은 편이다. 그러나 재난관리를 하는 데 있어서 필요한 재원은 단순히 재난관리에 필요한 응급처리비나

---

123) 노삼규(1995), 도시의 안전관리체계와 위험성 평가, 「도시정보」. 대한국토·도시 계획학회: pp.2 - 3.

복구에 소요되는 재원만을 의미하지 않으며, 재난을 미연에 약화시키거나 방지할 수 있다면 사후의 처리비보다 적게 들 것이다.

또한 지방정부에서 사전재난대비수준을 높이기 위해서는 재난관련 계획 및 사업을 효과적으로 수행하도록 재정적 지원이 보장되어야 한다. 지방정부의 예산의 열악성을 감안하여 중앙정부 차원에서 지원 사업비를 지속적으로 늘려나가야 한다. 재난예방사업을 시행하려면 예산이 필수적이다. 따라서 지방자치단체의 예산편성에 있어서 일정비율만큼의 예비비를 확보하는 방안과 별개로 방재 관련 예산을 지정비율만큼 확보하도록 지방재정법상에서 규정하여 예방적 재난의 차원을 높여나가야 한다.

결 론

제1절 요약

본 연구에서는 재난관리체계에 대한 인식과 발전방안에 대한 이론적 검토를 통해서 재난관리의 근본적인 이해와 문제점을 인식하고, 외국의 재난관리체계를 진단하고 이를 바탕으로 실증적 분석을 통해 한국의 재난관리 실태 문제점을 분석 진단하여 재난관리체계의 개선방안을 도출하고자 하였다.

이러한 연구목적을 달성하기 위해 재난관리 및 재난관리정책과 관련된 선행연구 및 이론적 논의를 하였고, 재난관리정책의 목표를 효과적으로 달성하기 위한 다양한 논의들 중 재난의 예방, 대응, 복구, 학습과 관련된 논의에 초점을 맞추었다.

본 연구결과를 요약하면 다음과 같다.

첫째, 재난발생의 심각성에 대한 인지도에 있어서, 주민들은 인지도가 낮은 편이며, 거주 지역도 재난이나 재난으로부터 위험한 상태에 그다지 있지 않다고 인식하였다. 그러나 인위성 재난사고의 발생가능성에 대해서는 심각성을 높게 인식하고 있는 것으로 나타났다. 따라서 주민들은 언제 발생할지도 모르는 재난 특히 인위성 재난에 대해 대비태세를 확보해야 하며, 소방방재청에서는 재난에 대비한 구체적인 프로젝트를 마련하고, 이에 준하는 훈련 등을 실시해야 한다. 재난을 사전에 예방하기 위해서는 재난발생 가능지역에 대한 일제조사와 사전점검 기술 인력의 확보, 취약지역 정비를 강제할 수 있는 법적·제도적 장치의 마련 등 예방 활동이 제도화되어야 한다. 또한 다양한 응급상황에 여러 방재 주체들이 유기적으로 신속히 대응해나가기 위해서는 방재계획과 그에 따른 시나리오에 의한 반복된 교육·훈련을 실시하여 방재인력의 숙달과 전문화에 기여해야 한다. 이와 더불어 재난유형별로

실효성 있는 매뉴얼 작성과 관련한 사전대비를 해야 하며, 재난 시 전기, 수도, 가스 등 각종 공공서비스의 파괴로 인한 피해를 최소화할 수 있도록 효과적인 초동진압을 위한 장비가 구비되어야 한다.

둘째, 주민들은 기업의 부실공사 등 비윤리적 시공과 국민들의 안전에 대한 무관심, 정부기관의 관리 소홀, 경제개발, 지역사회개발에의 관심 그리고 사회 전반에 적당주의 및 조급주의 만연과 재난사고 발생과의 관계를 높게 인식하였으며, 특히 정부기관의 관리 소홀과 재난사고 발생과의 관계를 높게 인식하였다. 따라서 재난영향평가제도를 도입하여 위해사고의 잠재적 요인과 그 영향의 강도에 대한 조직적인 확인이 필요하다. 또한 재난의 미연방지, 피해의 경감 및 재난복구를 위한 제시책 등이 포함되어 있는 방재기본계획이 내실 있게 운영되어야 한다.

셋째, 상당수의 국민들이 재난발생 억제 및 대비를 위해서는 주민에게 재난에 관한 교육을 실시하고 이를 통해 사전에 재난발생을 억제하거나 피해를 줄이는 활동을 전개하는 것이 중요하다고 인식하였다. 따라서 주민들에게 재난에 대한 예방과 그 대비방법을 알면 그 피해를 줄이고 예방이 가능하다는 사실을 교육해야 하며, 이를 위해서는 초등학교 및 중등학교에서 재난관리에 대한 교육이 실시될 필요가 있다.

넷째, 주민들이 정부의 재난대비기능과, 대응기능 등 전반적으로 정부의 재난관리정책에 대해 긍정적으로 평가하지 않고 있는 실정이다. 따라서 지방자치단체를 포함한 정부의 재난대책에 대한 지속적이고 적극적인 관심과 투자가 이루어져야 하며, 재난훈련의 시행과 재난 시 수행된 모든 활동이 철저한 평가를 통한 재난대책의 질적 향상을 위한 정부의 지속적인 노력과 투자가 이루어져야 한다. 또한 자연재난으로 피해를 받은 개인은 정부로부터의 지원과 복구조치, 세제상의 지원 등을 받을 수 있는데, 이러한 임시적인 조치보다도 항구적인 제도적 장치로서 재난관련 상해보상보험제도를 개발하고 이에 적극 참여하도록 해야 한다.

다섯째, 효율적인 재난관리를 위해서는 협력관계의 모색이 필요하며,

재난관리를 전담하는 정부기관 형태로 소방방재청을 재난에 대한 최고 기관으로 하여 직무를 체계화시키고 기관 간의 역할을 분담하는 것이 가장 필요한 것으로 나타났다. 따라서 재난에 대한 효과적인 대응을 위해서는 재난지역에 대한 복구는 일차적으로 주민이, 이차적으로는 지방자치단체가 책임진다는 인식과 복구에 대한 지방자치단체의 지원도 지역주민의 의지에 상응한 지원이 이루어져야 한다. 또한 재난발생의 규모를 떠나 해당 지방정부에서는 우선적으로 재난에 대처할 수 있도록 중앙정부와 지방정부 간의 현실적인 협력을 통한 예산이나 인력, 장비 등에 대해 지속적인 지원이 이루어져야 한다. 이와 더불어 재난에 대해 민간지원단체도 물질적인 지원 활동뿐만 아니라 지방자치단체의 재난 활동에 대한 감시와 통제 등의 기능을 수행해야 하며, 바람직한 재난관리가 이루어질 수 있는 방안을 강구·제시하는 기능도 함께 수행해야 한다.

제2절 정책적 제언

본 연구를 통하여 우리나라 재난관리 현황과 문제점 등을 살펴보았다. 외국의 경우를 소개함으로써 우리나라의 재난대비 시스템의 허약점이 무엇인지 보다 분명하게 이해할 수 있도록 하였다. 선행연구 결과 우리나라의 재난관리체계는 주로 예방보다는 사후 치유책으로 대처함으로써 근본적인 해결책 마련에 등한시하고 있음이 근본적인 문제점임을 알 수 있다. 사후대처 측면에서도 재난관리조직 간의 연계성, 재난

담당 인력과 예산의 부족 등이 앞으로 개선해나가야 할 문제점이다.

재난관리과정이 예방, 대비, 대응, 복구 국면을 포함하는 재난대비 행정시스템을 구축할 필요가 있으며, 그중에서도 예방완화 및 학습 그리고 대응 측면에 많은 예산책정이 있어야 한다. 우리나라 재난관리현황은 담당기구가 3원화되어 있고, 재난을 관리할 상설 주도기관의 규모와 전문성이 취약하여, 재난이 발생한 이후에야 정부가 적극적인 자세를 취하는 정도에 그치고 있다. 재난관리정책의 효과성을 제고하기 위한 재난관리를 전담할 기구에 보다 많은 권한과 지원을 해야 하며 자연재난 및 인위적 재난을 관리하는 기능을 통합 관리하는 것이 필요하다. 재난관리정책의 수립에 있어서 일선 재난담당기관을 정책결정과정에 적극 참여시켜야 하며 정책집행과정에서도 상당한 정도의 재량권을 허용해주는 법적·제도적 장치의 마련이 요구된다.

재난발생 직후의 현장 구조 활동은 통합 관리하는 것이 효율적인데, 우리나라의 재난관리체계는 3원화되어 있어 모든 재난관리단계에서의 업무를 통합·조정하는 강력한 기관이 존재하지 않다는 비판이 제기되고 있다. 예를 들면, 자연재난은 건설교통부와 행정자치부, 인위재난은 경찰, 소방 등 소관 부처별, 전쟁이나 이에 준하는 사태는 군과 민방위가 각각 구난 책임을 맡고 있어 업무의 통합·조정이 원활하게 이루어지지 않고 있다. 미국의 경우 재난이 발생하면 대통령 직속 상설기관인 연방재난관리청(FEMA)에서 재난예방, 복구, 구호, 치안에 필요한 경찰, 소방, 기상, 교통업무뿐 아니라 군대까지 일사불란하게 관리함에 비추어 우리의 조직체계도 하나로 통합하는 것이 바람직하다.

한국 긴급구조체계의 효과성을 확보하기 위해서는 소방방재청의 권한을 강화하여 긴급구조에 관련된 모든 업무를 총괄·조정하도록 하고 전문 인력의 확보, 훈련 및 구조 장비의 구입 등에 대한 적극적인 지원을 하는 것이 필요하며, 다른 긴급구조기관과의 유기적인 연결망 확립을 통한 긴급구조 활동의 실질적인 효과 극대화 노력이 요구된다. 특히 우리나라의 지방자치단체에 있어서 방재업무가 건축과나 민방위·

치수방재 등의 한 부분으로 취급돼 직원이 고작 2-3명에 불과한 실정
이다. 재난이 발생하면 인력난에 시달릴 수밖에 없고 재난관리 전문가
양성은 턱없이 힘든 실정이다. 또한 재난대책관련 예산은 예비비로 편
성되어 있고, 사전예방에 대한 정책은 입안되어도 실제 투자가능한 예
산은 한정되어 있다. 재난을 예방하기 위한 장기적 측면의 재정적 지
원을 위한 제반 조치가 없는 상태에서 재난이 발생한 후에 그 처리를
위한 재정지원에 관심을 쏟고 있어 장기적이고 종합적인 방재투자를
유도하고 있지 못하다.

또한 위험인지에 있어서 전문가들과 일반 국민 사이에 차이가 있다.
전문가들이 객관적으로 가장 위험성이 높게 지적하는 교통 분야에 대
해서 국민들은 위험성을 가장 낮게 평가하고 있는 반면, 전문가들이
객관적 위험성이 비교적 낮다고 평가하는 원자력 분야와 환경 분야를
가장 위험한 분야로 인지하고 있다.

주민들은 재난관리의 주도적인 역할은 소방방재청이 담당하는 것이
가장 적절하다고 인식하였다. 재난 현장에서는 소방, 경찰, 군, 민간봉
사단체 등이 부서별 통합 지휘체계가 확보, 총괄적으로 동원되어 재난
에 대해 관리하고 있으나 저마다의 지휘체계와 역할분담사항이 지정되
어 있지 않아서 혼선을 겪고 있다.

재난 및 안전관리기본법의 제정으로 재난 현장의 총괄지휘를 소방본
부장, 소방서장을 중심으로 한 재난 현장의 인명구조, 통솔체계를 확립
하였으나 현장 사무지정이 되어 있지 않고 분야별 활동사항이 명확하
지 않다.

또한 유관기관 비상 연락망을 구축하여 재난발생 시 유관기관 간 핫
라인망을 구축, 재난의 접수 즉시 전체 유관기관이 필요한 경우 전화
기를 들고 필요한 내용을 전파하면 일시에 모든 기관에 전파되어 신속
한 재난 현장의 구조·구난 활동이 전개되도록 하고 경우에 따라 기관
별 핫라인도 필요할 때가 있으므로 두 비상라인을 별도 설치하여야 관
리할 수 있는 체계로 하여야 할 것이다.

결론적으로 안심하고 생활할 수 있는 국가 안전망을 구축하기 위해서는 지금까지의 재난유형별 분산관리방식과 다원적 재난관리체계를 미국 등 다수의 선진국들이 채택하고 있는 재난통합관리체계로 전환하는 것이 필요하다.

이를 위해서 우리나라의 재난관리조직은 소방방재청을 중심으로 재편되어야 하며, 재난관리 업무의 전문성과 특수성을 바탕으로 강한 리더십과 발전 잠재력을 보유할 수 있는 독립된 소방방재청이어야 한다. 따라서 재난관리전담기구로는 중앙에 소방방재청을 주축으로 지방에는 지방소방방재청으로 개편하여 이를 중심으로 재난관리체계를 재구축하여야 할 것이다.

또한 소방방재청은 재난관리조직의 재구축으로 저비용·고효율 구조의 확립에 그 본연의 의미가 있으므로, 유사, 중복기능의 통합은 예산절감, 총체적 업무효율을 제고하는 방향으로 이루어져야 할 것이다.

앞으로 소방방재청은 소방, 방재, 민방위 운영 및 안전에 관한 사무를 관장하는 명실상부한 재난관리 총괄기구로서 국민의 생명과 재산을 지키는 버팀목으로서의 역할을 수행해나가야 할 것이다.

1. 국내문헌

김대환(1998), 돌진적 성장이 낳은 이중위험사회, 「계간사상」, 가을호, 사회
　　과학원.

김병섭(1998), 부패와 위험사회, 「계간사상」, 38, 사회과학원.

김연명(2003), 위험사회와 한국의 사회보험체계, 「문화과학」, 35.

김열수(2005), 「21세기 국가 위기관리체계론」, 서울: 도서출판 오름.

김영규(1995), 효율적인 재난구조계획 수립요건에 관한 연구: 삼풍백화점을
　　중심으로, 「지방행정연구」, 10(3).

김영욱(2002), 「위기관리의 이해: 공중관계와 위기관리 커뮤니케이션」, 서울:
　　책과길.

김영평(1994), 현대사회와 위험의 문제, 「한국행정연구」, 3.

김영평 · 최병선 · 소영진 · 정익재(1995), 한국인의 위험인지와 정책적합의,
　　「한국행정학보」, 29(3).

김영확(2003), 「재난관리법체계의 문제점과 개선방안」, 경북대학교 대학원 석
　　사학위논문.

김형렬(1987), 정책집행에 있어서 위기관리에 관한 연구, 「사회과학논집」, 18,
　　연세대학교.

김태윤(2000), 「국가 재해재난관리체계 구축방안」, 서울: 한국행정연구원.

남궁근(1995), 재해관리행정체계의 국가간 비교연구: 미국과 한국의 사례를

중심으로, 「한국행정학회보」, 29(3).

노삼규(1995), 도시의 안전관리체계와 위험성 평가, 「도시정보」, 대한국토·도시계획학회.

노진철(2004), 압축적 근대화와 구조화된 위험: 대구지하철재난을 중심으로, 「경제와 사회」, 61.

노화준(1991), 위기발생의 의사결정경로와 위기관리, 「행정논총」, 29.

류 충(2005), 「방호실무」, 한성문화.

문장렬(2002), 국가안전보장회의(NSC) 발전방안, 한국외국어대학교 「정책과학대학원연구보고서」.

박광국(1997), 재난관리체계의 효과성 평가에 관한 연구: 공무원·주민의 의식수준을 중심으로, 「한국행정논집」, 9(3).

박동균(1995), 행정에 있어서 위기관리과정에 관한 이론적 고찰, 「복지행정연구」, 17, 안양대학교 복지행정연구소.

박미옥(1991), 「한국행정의 위기관리체계 분석」, 동국대학교 대학원 석사학위논문.

박종흔(2004), 「인적재난관리체계의 개선방향에 관한 연구」, 관동대학교 대학원 박사학위논문.

박헌옥(2004), 지방자치단체의 비상대비체계 발전방향, 「정책 연구보고서」, 과천: 비상기획위원회.

백영옥(2001), 「전·평시 비상대비 및 재난재해의 효율적인 관리방안 연구」, 서울: 비상기획위원회.

안선주(2004), 「국가안전보장회의에 관한연구」, 동국대학교 대학원 석사학위논문.

양성환(2003), 「인간공학」, 서울: 형설출판사.

우리말사전편찬회(1997), 「우리말 대사전」, 서울: 삼성문화사.

윤석영 외(2003), 「재해대책 강화방안 연구보고서: 미국과 일본의 홍수관리체계를 중심으로」, 건설교통부.

이동훈(1999), 「위기관리의 사회학」, 서울: 집문당.

이 연(2004), 「위기관리와 커뮤니케이션」, 서울: 학문사.

이재열, 김동우(2004), 이중적 위험사회형 재난의 구조, 「한국 사회학」, 38(3).

이재열(1998), 대형사고와 위험: 일상화한 비정상, 「계간사상」, 38.

이재은(2000a), 「한국의 위기관리정책에 대한 연구」, 연세대학교 대학원 박사학위논문.

이재은(2000b), 위기관리정책 효과성 제고와 집행구조 접근법, 「한국정책학회보」, 9(1).

이재은(1998), 위기관리정책에 관한 연구: 개념, 영역, 정책결정을 중심으로 「한국행정논집」, 10(1).

이창균(1999), 「광역자치단체의 재정조정 방안에 관한 연구」, 한국지방행정연구원.

장경섭(1998), 「복합위험사회의 안전권」, 서울: 서울대학교 출판부.

전형우(2006), 「재해재난관리를 위한 지방자치단체와 지역책임군의 협력체계 개혁방안」, 대전대학교 대학원 박사학위논문.

정완택(2003), 「국가안전관리 행정체계의 분석 및 신뢰성 확보방안」, 대전대학교 대학원 박사학위논문.

정익재(1995), 위험의 특성과 예방적 대책, 「한국행정학회보」, 29(3)

정윤수(1994), 긴급구조와 위기관리, 「한국행정연구」, 3(4).

정윤수, 정창무(1996), 재난의 유형과 재난관리, 「한국행정학회보」30(1).

정흥수(1994), 합리적 방재체계의 구축을 위한 당명과제, 「지방행정연구」 32, 한국지방행정연구원.

조재형(1995), 「위기는 없다」, 서울: 신화커뮤니커이션.

채경석(2004), 「위기관리정책론」, 서울: 대왕사.

최병선(1994), 위험문제의 특성과 전략적 대응, 「한국행정연구」3(4).

최윤희(1994), 「기업의 위기관리와 PR전략」, 서울: 한국경제신문사.

최재경(2002), 세계의 비상대비 변화 추세 분석과 우리의 대응, 「비상기획보 2002」, 과천: 비상기획위원회.

한상진(1998), 왜 위험사회인가? 한국 사회의 자기반성, 「계간사상」, 가을호, 사회과학원.

황윤원(1989), 돌발사고에 대한 위험대비행정의 분석, 「한국행정학회보」, 23(1).

2. 외국문헌

Allison, G. T.(1971), *Essence of Decision*: *Explaining the Cuban Missile Crisis*. Boston: Little, Brown and Company.

Anderson, W. A.(1991), *Disaster and Organizational Change*: *A Study of the Long-term Consequences in Anchorage of the 1964 Alaska Earthquake*. Disaster Research Center Monograph Series, 6, Columbus, OH: The press of The Ohio State University.

Barton, A. H.(1963), *Social Organization Under Stress*: *A Sociological Review of Disaster Studies*, Washington: NAS-NRC.

Beck, U., 홍성태 역(1997), 「위험사회」, 서울: 새물결.

Beck, U., Giddens, A. and Lash, S.(1994), *Reflective Modernization*: *Politics, Tradition and Aesthetics in the Modern Social Order*, Cambridge: Polity.

Brecher, and James, P.(1998), Patterns of Crisis Management. *Journal of Conflict Resolution*, 32(3).

Clary, B. B.(1985), The Evolution and Structure of Natural Hazard Policies, *Public Administration Review*, 45(Special Issue).

D'Aven, R. A. and MacMillan, I. C.(1990), Crisis and the Content of Managerial Communications: A Study the Focus of Attention of Top Managers in Surviving and Failing Firms, *Administrative Science Quarterly*, 35.

Drabek, T. E.(1985), Managing the Emergency Response, Public Adminstration Review 45(Special Issue).

Frederickson, H. G. and La Porte, T. R. (2002), Airport Security, High Reliability, and the Problem of Rationality, *Public Administration Review*, 62 (Special Issue).

Giuffrida, L. O.(1985), FEMA: Its Mission, Its Partner, *Public Administration Review*, 45(Special Issue).

Godschalk, D. R. (1991), Disaster Mitigation and Hazard Management, in *Emergency Management*: *Principles and Practice for Local Government*,

Washington: International City Management Association.

Godschalk, D. R. & Brower, D. J.(1985), Mitigation Strategies and Integrated Emergency Management, *Public Administration Review*, 45(Special Issue).

Jackson, R. J.(1976), Crisis Management and Policy—Making: An Exploration of Theory and Research, in Rose, R. (ed.), *The Dynamics of Public Policy*, Beverly Hills, CA: Sage Publications, Inc.

Kasperson, R. E. and Pijawka, K. D.(1985), Societal Response to Hazards and Major Hazard Events: Comparing Natural and Technological Hazards, *Public Adminstration Review*, *45(Special issue)*.

Luhmann, N.(1993), *Risk: Sociological Theory*. Aldine de Gruyter.

May, p.J.(1985), FEMA's Role in Emergency Management: Examining Recent Experience, *Public Administration Review*, 45(Special Issue).

McLouglin, D.(1985). A Framework for Integrated Emergency Management, *Public Administration Review*, 45(Special Issue).

Mileti, D. S. and Sorensen, J. H.(1987), Determinants of Organizational Effectiveness in Responding to low Probability Catastrophic Events, *The Columbia Journal of World Business*.

Pauchant, T. C. and Mitroff, I. I.(1992), *Transforming the Crisis Prone Organization*, San Francisco: Jossey—Bass.

Pearson, C. M. and Clair, J. A.(1998), Reframing Crisis Management. *Academy of Management Review*, 23(1).

Perak, W. J.(1985). Emergency Management: A Challenge for public Administration, *Public Administration Review*, 45(Special Issue).

Perrow, C.(1984), *Normal Accidents*, New York: Basic Books Inc. Publishers.

Perry, R. W.(1991), Managing Disaster Response Operations, in *Emergency Management: Principles and Practice for Local Government*, Washington: International City Management Association.

Perry, and Nigg, J. M.(1985), Emergency Management Strategies for Communicating Hazard Information. *Public Administration Review*, 45(Special Issue).

Petak W. J.(1985), Emergency Management: A Challenge for Public Admini-
    stration, *Public Administration Review* 45(Special Issue).

Quarantelli, E. L.(ed.)(1978), *Disasters: Theory and Research. Beverly Hills*,
    CA: Sage Publications Inc.

Reilly, A. H.(1987), Are Organizations Ready for Crisis? A Managerial
    Scorecard, *The Columbia Journal of World Business*, 22(1).

Rijpma, J. A.(1997), Complexity, Tight−Coupling and Reliability: Connecting
    Normal Accidents Theory and High Reliability Theory, *Journal of
    Contingencies and Crisis Management*, 5(1).

Rosa, S. F.(1998), Organizations, Disasters, Risk Analysis and Risk: Historical
    and Contemporary Contexts, *journal of contingencies and crisis manage-
    ment*, 6(2).

Rosenthal, U. and Pijnenburg, B. (ed.) (1991), *Crisis Management and Decision
    Making: Simulation Oriented Scenarios*, London: Kluwer Academic Publi-
    shers.

Rubin, C. B. and Barbee, D. G.(1985), Disaster Recovery and Hazard
    Mitigation: Bridging the Intergovernmental Gap, *Public Administration
    Review*, 45(Special Issue).

Scanlon, J. T.(1991), Reaching Out: Getting the Community Involved in
    Preparedness, in *Emergency Management: Principles and Practice for
    Local Government*, Washington: International City Management Asso-
    ciation.

Schneider, S. K.(1995), *Flirting with disaster: public management in crisis
    situations*, N.Y: M. E. Sharpe.

Schneider, S. K(1992), Governmental Response to Disasters: The Conflict
    Between Bureaucratic Procedures and Emergent Norms, *Public Admini-
    stration Review*, 52(2).

Schwartz, H. S.(1987), On the Psychodynamics of Organizational Disaster:
    The Case of the Space Shuttle Challenger. *The Columbia Journal of
    World Business*, 22(1).

Settle, A. K.(1985), Financing Disaster Mitigation, Preparedness, Response, and Recovery, *Public Administration Review* 45(Special Issue).

Stubbart, C. I.(1987), Improving the Quality of Crisis Thinking, The Columbia Journal of World Business, 22(1).

Sylves, R. T.(1994), Forment at FEMA: Reforming Emergency Management. *Public Adminstration Review*. 54.

Tierney, K. J(1985), Emergency Medical Preparedness and Response in Disasters: The Need for Intergovernmental Coordination. *Public Administration Review*, 45(Special Issue).

Turner, B. A.(1976), The Organizational and Interorganizational Development of Disasters. *Administrative Science Quarterly*, 21(4).

Welch, D. A.(1989), Crisis Decision Making Reconsidered, *The Journal of Conflict Resolution*, 33(3).

Wenger, D. E(1978), Community Response to Disaster: Functional and Structural Alterations. in Quarantelli, E. L. (ed.) *Disasters: Theory and Research*, Beverly Hills, CA: Sage Publications.

Zimmerman, R.(1985), The Relationship of Emergency Management to Governmental Policies on Man−Made Technological Disasters, *Public Administration Review* 45(Special Issue).

3. 신 문

「조선일보」 1988. 12. 14. 사설.

「중앙일보」 1995. 7. 22. 23면.

「중앙일보」 2003. 3. 1. 19면.

「국민일보」 2004. 10. 19. (검색일. 2006. 4. 21).

4. 법령 및 정부간행물

농어업재해대책법.

자연재해대책법.

자연재해대책법 시행령.

재난 및 안전관리기본법.

재난 및 안전관리기본법 시행령.

내각부 편(2003), 「평성 15년판 방재백서」, 동경: 국립인쇄소.

5. 인터넷 검색

대구광역시(htt://www.daegu.go.kr).

미국 연방재난관리청(htt://www.fema.go.kr).

비상기획위원회(htt://www.epc.go.kr).

인터렉티비(htt://www.ilikeclick.com).

일본소방청((htt://www.fdma.go.jp).

한국소방방재청(htt://www.nema.go.kr).

설문지

안녕하십니까? 저는 대전대학교 대학원 행정학과에서 박사학위 과정을 하고 있는 이현담입니다. 현재 재난관리체계 연구로 박사학위논문을 준비하고 있습니다.

우리나라는 이번 여름에도 태풍과 장마로 많은 피해가 발생하였고 해마다 태풍 및 홍수, 강풍 등에 의한 자연재해가 발생하고 있습니다. 또한 도시가스 폭발, 건축물 붕괴와 교량의 붕괴, 연속방화 등과 같은 인위재난이 발생함으로써 이를 관리하기 위한 종합적 재난관리정책이 요구되고 있습니다.

이에 본 설문은 재난에 대한 국민들의 인식을 조사하여 이를 토대로 재난관리의 실태와 문제점을 파악하고 그 정책 대안을 제시하고자 하는 학술목적을 위해 작성되었습니다.

본 조사는 무기명으로 실시되고 응답자의 비밀은 철저히 보장되며, 응답 결과는 통계적으로만 처리되고 학술목적 이외의 다른 용도로는 절대 사용되지 않습니다. 협조에 진심으로 감사드립니다.

2006년 9월   일

연 구 자   이 현 담 (대전대학교 행정학과 박사과정)

※ 설문조사와 관련하여 궁금하신 사항이 있으시면 아래 연락처로 문의하여 주시기 바랍니다.

연구자 연락처: Hp.010-2286-9119

<질문에서의 재난이라 함은 지진·태풍 등과 같은 자연적 재난, 교통사고, 가스사고, 전염병 등과 같은 돌발사고 내지는 인위적 재난을 포괄하고 있는 말입니다>

※ 다음 질문과 관련하여 귀하의 생각에 가장 가까운 곳에 ('O' 혹은 'V') 표시를 해주십시오.

1. 귀하께서는 평소 우리나라의 재난을 심각하다고 생각하십니까?

① 매우 그렇다　　② 그렇다　　　　③ 보통이다
④ 그렇지 않다　　⑤ 매우 그렇지 않다

2. 귀하가 거주하는 곳 혹은 동네가 홍수, 태풍과 같은 자연재해 및 가스폭발과 같은 인위재난으로부터 위협을 받고 있다고 생각하십니까?

① 매우 그렇다　　② 그렇다　　　　③ 보통이다
④ 그렇지 않다　　⑤ 매우 그렇지 않다

3. 과거의 재난 가운데 가장 피해의 규모가 큰 것은 어느 것이라고 생각하십니까?
① 금년(2006년) 여름의 홍수 피해
② 작년(2005년) 폭설로 인한 고속도로 등의 마비
③ 1995년의 삼풍백화점의 붕괴
④ 2005-6년 1년간의 연속 방화사건
⑤ 1994년 성수대교의 붕괴
⑥ 2003년 대구지하철 방화사건

4. 다음 중 우리사회에서 시민들에게 가장 큰 위기의식을 불러온 것은 어느 것이라고 생각하십니까?

① 금년(2006년) 여름의 홍수 피해
② 작년(2005년) 폭설로 인한 고속도로 등의 마비
③ 1995년의 삼풍백화점의 붕괴
④ 2005-6년 1년간의 연속 방화사건
⑤ 1994년 성수대교의 붕괴
⑥ 2003년 대구지하철 방화사건

5. 귀하께서는 우리나라에서 도시가스폭발, 건축물이나 교량의 붕괴, 연쇄방화 등과 같은 인위적 재난 사고가 발생할 가능성을 높게 생각하십니까?

① 매우 그렇다   ② 그렇다   ③ 보통이다
④ 그렇지 않다   ⑤ 매우 그렇지 않다

6. 귀하께서는 우리나라에서 발생한 재난사고가 공사를 담당했던 기업의 부실공사 등 비윤리적 시공과 관련이 깊다고 생각하십니까?

① 매우 그렇다   ② 그렇다   ③ 보통이다
④ 그렇지 않다   ⑤ 그렇지 않다

7. 귀하께서는 우리나라에서 발생한 재난사고가 국민들의 안전에 대한 무관심과 관련이 깊다고 생각하십니까?

① 매우 그렇다   ② 그렇다   ③ 보통이다
④ 그렇지 않다   ⑤ 매우 그렇지 않다

8. 귀하께서는 우리나라에서 발생한 재난사고가 정부기관의 관리 소홀과 관련이 깊다고 생각하십니까?

① 매우 그렇다   ② 그렇다   ③ 보통이다
④ 그렇지 않다   ⑤ 매우 그렇지 않다

9. 귀하께서는 우리나라에서 발생한 재난사고가 사회 전체가 경제개발, 지역사회개발에만 관심을 가진 결과와 관련이 깊다고 생각하십니까?

① 매우 그렇다   ② 그렇다.   ③ 보통이다
④ 그렇지 않다   ⑤ 매우 그렇지 않다

10. 귀하께서는 우리나라에서 발생한 재난사고가 사회 전반에 적당주의, 조급주의의 만연과 관련이 깊다고 생각하십니까?

① 매우 그렇다   ② 그렇다   ③보통이다
④ 그렇지 않다   ⑤ 매우 그렇지 않다

11. 열거한 다음의 재난 가운데, 피해의 심각한 정도에 따라 순서대로 번호를 써주십시오.

(심각성이 가장 큰 경우 1, 가장 작은 경우 10)
① 자동차 사고( )   ② 도시가스폭발( ) ③ 건축물 붕괴( )
④ 방사능 유출( )   ⑤ 화재사고( )   ⑥ 지하철사고( )
⑦ 비행기 사고( )   ⑧ 지진( )   ⑨ 해일, 태풍, 홍수( )
⑩ 식수오염( )

12. 재난이 발생한 후 언론 등에서는 늘 예방의 중요함을 지적하고 있습니다. 예방 활동 가운데 예방교육을 시행할 경우 귀하는 어떻게 하는 것이 보다 효율적이라고 생각하십니까?

① 법률제정에 의해 강제성을 띠고 해야
② 주무담당기관의 재량에 의해
③ 완전 자율적으로
④ 재난은 교육을 통해 예방할 수 있는 것이 아니다
⑤ 잘 모르겠다

13. 재난예방교육이 필요하다면 어느 곳에서 담당하는 것이 바람직하다고 생각하십니까?

① 지방자치단체　　② 반상회　　　　③ 학교 등 교육기관
④ 시민봉사단체　　⑤ 중앙정부기관　　⑥ 방송매체를 통해

14. 정부의 재난관리에 있어서 재난을 미리 예측하는 예측기능이 정확하고 효율적으로 행사되고 있다고 생각하십니까?

① 매우 그렇다　　② 그렇다.　　　　③ 보통이다
④ 그렇지 않다　　⑤ 매우 그렇지 않다

15. 재난의 예측에 따라서 미리 대비하는 대비기능은 재난발생을 방지하거나 재난이 발생했을 때 피해를 최소화하는 데 기여하고 있다고 생각하십니까?

① 매우 그렇다　　② 그렇다　　　　③ 보통이다
④ 그렇지 않다　　⑤ 매우 그렇지 않다

16. 재난발생 시에 정부의 대응기능은 신속하고 적절하게 행사되고 피해를 최소화하는 데 기여한다고 생각하십니까?

① 매우 그렇다　　② 그렇다　　　　③ 보통이다
④ 그렇지 않다　　⑤ 매우 그렇지 않다

17. 재난발생 시 정부의 복구기능은 제대로 행사되고 재난을 당한 사람들의 삶을 회복하는 데 적절하게 기여한다고 생각하십니까?

① 매우 그렇다　　② 그렇다　　　　③ 보통이다
④ 그렇지 않다　　⑤ 매우 그렇지 않다

18. 정부의 재난관리를 전반적으로 평가하신다면?

① 매우 양호함　　② 양호함　　　　③ 보통이다
④ 양호하지 못함　⑤ 매우 양호하지 못함

19. 다음은 재난발생을 억제하거나 재난을 대비하는 정책적 대안입니다. 이 중 가장 중요하다고 생각되는 것은 무엇이라고 생각하십니까?

① 국민에게 재난에 관한 교육을 실시하고 이를 통해 사전에 재난발생을 억제하거나 피해를 줄이는 활동을 전개한다
② 지역개발사업에 있어서 난개발성 발전계획을 규제 또는 금지한다
③ 대응 및 복구담당기관의 조직, 인원, 장비 등을 보강하고 현대화한다
④ 재난발생을 예측하는 과학적 활동을 강화한다

20. 정부의 재난관리의 과정에 있어서 가장 큰 문제점(취약점)은 무엇이라고 생각하십니까?

① 예측 단계   ② 대비 단계   ③ 대응 단계
④ 복구 단계   ⑤ 학습 단계

21. 우리나라 재난발생의 특징이 있다면 무엇이라고 생각하십니까?

① 경제발전을 위한 난개발의 영향
② 지리적 위치와 지구환경적인 영향
③ 임시 처방적 복구사업 때문에 반복적 재난발생
④ 재난에 대한 전반적인 무지

22. 재난관리는 성격상 다음과 같은 여러 관련 기관의 협의와 협조가 중요합니다. 이 과정에서 주도하는 기관이 필요한데 주도적 역할을 어디에서 맡는 것이 가장 적절하다고 생각하십니까?

① 소방방재청   ② 경찰청   ③ 산림청
④ 민방위   ⑤ 군

23. 재난관리의 운영을 위한 기관과 기관 간의 협력관계 및 중앙과 지방 간의 협력관계는 충분하다고 생각하십니까?

① 매우 그렇다   ② 그렇다   ③ 보통이다
④ 그렇지 않다   ⑤ 매우 그렇지 않다

24. 바람직하고 효율적인 재난관리를 위해 부처 간(기관과 기관) 및 중앙과 지방 간의 긴밀한 협력관계를 새롭게 모색할 필요가 있다고 보십니까?

① 매우 그렇다　　② 그렇다　　　　③ 보통이다
④ 그렇지 않다　　⑤ 매우 그렇지 않다

25. 재난의 다양성과 심각성을 고려할 때 재난관리를 전담하는 정부기관이 필요하다고 인정할 경우 다음 중 어느 형태에 동의하십니까?

① 현재와 같은 재난관리기관들을 수평적으로 연계, 체계화하여 효율성을 증대시킨다
② 소방방재청을 재난에 대한 최고기관으로 하여 직무를 체계화시키고 기관 간의 역할을 분담한다
③ 국방부를 재난에 대한 최고기관으로 하여 재난관련기관 간의 역할을 분담한다
④ 민방위를 재난에 대한 최고기관으로 하여 재난관련기관 간의 역할을 분담한다
⑤ 미국의 국토보안부와 같은 각종의 재난에 대처하는 별도의 기관을 설치한다

※ 다음은 통계분석에 필요한 귀하에 관한 일반적 사항입니다.

1. 귀하의 성별은?

　　① 남자　　　　　② 여자

2. 귀하의 연령은?

　　① 20~29세　　② 30~39세　　③ 40~49세
　　④ 50~59세　　⑤ 60세 이상

3. 귀하의 직업은?

　　① 농 / 어 / 임 / 축산업
　　② 상업 / 자영업
　　③ 유통 / 서비스업 종사자
　　④ 기업의 사무직 근로자
　　⑤ 기업의 생산직 근로자
　　⑥ 기업의 경영자 및 임직원
　　⑦ 공무원
　　⑧ 교원
　　⑨ 자유전문직
　　⑩ 학생
　　⑪ 기타

4. 귀하의 거주 지역은?

　　① 도시중심지역　　② 도시외각지역

5. 귀하의 학력은?

    ① 중학교 졸업 이하   ② 고등학교 졸업 및 중퇴
    ③ 대학교 졸업 및 중퇴   ④ 대학원 이상

* 끝까지 설문에 응해주셔서 진심으로 감사드립니다.
  건강과 행복을 기원합니다.

저자약력

김웅락(金雄洛)

　　동국대학교 행정학과 졸업
　　성균관대학교 대학원 졸업
　　행정학 박사
　　현) 대전대학교 교수

주요논저

　　『정인흥 교수의 학문활동과 한국행정학에 미친 영향』한국행정학보(1992)
　　『과학기술정책의 형성과 민주주의』대전대 사회과학논문집(2002)
　　「행정학개론」(공저, 1998)
　　「시민사회와 행정」(공저, 2002)
　　「노동행정론」(공저, 2003)

이현담(李鉉潭)

　　한민대학교 졸업(신학전공)
　　한남대학교 학제신학대학원 졸업(신학석사,교회행정전공)
　　대전대학교 대학원 졸업(행정학박사, 공공행정전공)
　　현) 충청남도공주소방서 조치원119안전센터 부센터장
　　현) 공주대학교 보건학부 전문응급구조학과 강사

주요논저

　　『재난관리체계에 대한 인식과 발전방안』(2007)
　　『칼빈의 성만찬 연구』(2003)

위험사회 도래와 그 관리체계

재난관리체계론

- 초판 인쇄   2008년 2월 10일
- 초판 발행   2008년 2월 10일

- 지 은 이   김응락, 이현담
- 펴 낸 이   채종준
- 펴 낸 곳   한국학술정보㈜
              경기도 파주시 교하읍 문발리 513-5
              파주출판문화정보산업단지
              전화   031) 908-3181(대표) · 팩스   031) 908-3189
              홈페이지 http://www.kstudy.com
              e-mail(출판사업팀사업부)   publish@kstudy.com
- 등   록   제일산-115호(2000. 6. 19)
- 가   격   14,000원

ISBN   978-89-534-8145-9 93350 (Paper Book)
            978-89-534-8146-6 98350 (e-Book)